PARADISUS

Ciudad de los mayores

ExLibric

MANUEL BUENAÑO PASTOR

PARADISUS

Ciudad de los mayores

EXLIBRIC

ANTEQUERA 2024

PARADISUS, CIUDAD DE LOS MAYORES
© Manuel Buenaño Pastor
Diseño de portada: Dpto. de Diseño Gráfico Exlibric

Iª edición

© ExLibric, 2024.

Editado por: ExLibric
c/ Cueva de Viera, 2, Local 3
Centro Negocios CADI
29200 Antequera (Málaga)
Teléfono: 952 70 60 04
Fax: 952 84 55 03
Correo electrónico: exlibric@exlibric.com
Internet: www.exlibric.com

ISBN: 978-84-10297-13-5
Depósito Legal: MA 1932-2024

Impresión: PODiPrint
Impreso en Andalucía – España

Nota de la editorial: ExLibric pertenece a Innovación y Cualificación S. L.

MANUEL BUENAÑO PASTOR

PARADISUS

Ciudad de los mayores

Dedicado a mis padres y abuelos,
sin olvidar a todos mis honorables antepasados
por haber forjado una herencia extraordinaria llamada España.

PRÓLOGO

PARADISUS o la ciudad de los mayores no solo es el PROYEC-
TO de una pequeña y singular ciudad, exclusivamente para residentes de la tercera edad, sino que también puede ser el nuevo
motor de muchos pueblos y ciudades despobladas de España, si
el gobierno, las instituciones en general, los partidos políticos y
los empresarios patriotas y solidarios se lo proponen. Pero para
que haya gobernantes honorables y competentes, primero han
de actuar ciudadanos responsables, cultos e inteligentes que eli-
jan a los mejores para gobernar. Porque, en caso contrario, solo
recibirán felonías, consignas de ideología marxista, propuestas
nacionalistas o separatistas y mucho riesgo de ser explotados
como manada de esclavos, confinados en establos o corrales de
diferentes colores. Y, por supuesto, los integrantes de esas manadas
o rebaños, cuando no interesen a la sociedad del pensamiento
único, totalitario o insolidario, serán eliminados por métodos
eutanásicos, denominados hipócritamente muerte digna, pero
jamás serán recompensados por su larga vida de esfuerzos y sacrificios con otra digna hasta el final natural de sus días, porque,
según las teorías ególatras, comunistas y totalitarias imperantes,
esa recompensa y honor no les corresponde a los integrantes de
la manada o populacho, sino a sus líderes o caporales.

EL MATRIMONIO

L a unión estable legalizada con un contrato jurídico y, a veces también religioso, de dos seres humanos capaces de reproducirse, o sea, la unión de un hombre y una mujer, es la única que puede denominarse «matrimonio». Así se ha llamado a lo largo de la Historia y no debemos confundirlo o hacerlo extensivo a otras uniones humanas o civiles con propósitos diferentes. Porque la excelsa institución del matrimonio natural no debe ser pervertida, ya que constituye la célula básica de la sociedad, que es la familia y esta, el núcleo principal de las diferentes organizaciones fundamentales que integran los Estados de Derecho del mundo civilizado. El matrimonio natural quedará consolidado cuando se convierta en el ente nuclear del que se originen elementos con capacidad de formar otros núcleos o matrimonios naturales con la misma suficiencia de reproducción, dando origen a singulares sistemas planetarios sociales. El vínculo especial de unión de los nuevos matrimonios con el primero o núcleo principal, solo se extinguirá cuando se produzca su muerte, y así sucesivamente. De esta forma, las siguientes reproducciones y transformaciones de los millones de nuevos núcleos o matrimonios generados a través de los tiempos, consolidaran la existencia de la especie humana en la Tierra.

Los matrimonios consolidados dan origen a la familia tradicional natural, formada por el padre, la madre, los hijos, hermanos, abuelos, nietos, tíos, sobrinos, primos y demás descendientes del núcleo central o matrimonio original. El paso del tiempo hace que casi todos los descendientes vayan formando diferentes núcleos sociales o familias unidas por parentesco de consanguinidad y, también, por tradiciones culturales imperantes en las sociedades civilizadas a las que pertenecen, donde debe imperar el estado de los derechos humanos. Es cierto, que no todos los descendientes del matrimonio o núcleo central del universo familiar desean o son capaces de generar otros matrimonios con facultades reproductivas. Algunos optan por convertirse durante toda su vida en solitarios asteroides o diminutos planetas del citado universo social; y otros, en su deambular galáctico, se inclinan por formar uniones no jurídicas, civiles o religiosas, pero sí afectivas o interesadas con otras personas del mismo o diferente sexo, que podrán ser legalizadas como parejas civiles, estables o de hecho, aunque su registro con la denominación de «matrimonio» no puede tener cabida en la jurisdicción vigente de un país respetuoso con su origen histórico, cultural y tradicional, ya que los integrantes de estas peculiares familias optan por no aceptar las condiciones que rigen el matrimonio. Aunque su convivencia armónica o estable dentro del cosmos social de la gran familia creada por el matrimonio original o nuclear, generador de la familia normal o natural, les da derecho a formar una inusual o singular familia, que casi siempre intentará imitar a la racional o natural, incluso, intentando exigir igual consideración o tratamiento, sin comprender que no se dan los vínculos o requisitos del matrimonio tradicional. El conjunto de las familias naturales de todo el mundo, incluidos sus asteroides o diminutos astros con sus diferentes relaciones civiles o, simplemente, sentimentales, dan lugar a un sistema planetario social asentado en la Tierra, denominado «humanidad» o «mundo».

Casi nunca, las fuerzas sentimentales, afectivas, consanguíneas o sociales que mantienen la frágil y difícil convivencia planetaria humana, son capaces de garantizar la relación armónica entre todos sus elementos; de ahí, la absoluta necesidad de la continua irradiación o enseñanza de valores humanos, sociales y profesionales, por parte de los integrantes del núcleo principal o matrimonio original a todos sus descendientes. Esta irradiación o experiencia personal debe ser transmitida y asumida con sumo respeto e interés por los descendientes, y, también, por los nuevos integrantes de los diferentes matrimonios, ya que constituye un extraordinario valor y enriquecimiento social; porque la experiencia, en mayor o menor cuantía, origina progreso y bienestar al conjunto de la sociedad. Aunque hay que reconocer que, muchas veces, las férreas fuerzas de unión del sistema primario planetario familiar que superan a todo lo descrito anteriormente, son el *statu* económico y social, la ideología y la religión.

Pensando en la necesidad de mantener una convivencia armónica para lograr la paz y, con ella, el bienestar y progreso de los seres que integran la sociedad, a través de sus diferentes sistemas planetarios sociales o familiares, es necesario empezar fijando las relaciones estructurales y funcionales del matrimonio ideal, como el núcleo principal de cualquier civilización. El matrimonio, aparte de la simbiosis de atracción sentimental interesada en satisfacer deseos primarios de placer voluptuoso y otras necesidades, a lo que la mayoría de los seres humanos denominan «amor», es mucho más que esas posibles relaciones pasionales con ansias reproductivas o, simplemente, placenteras, ya que constituye la célula primaria de la sociedad civilizada con carácter jurídico, es decir, es la expresión más diminuta de una importantísima sociedad-estado con valiosos objetivos de reproducción, aparte de otros muchos, para garantizar y mantener la existencia humana en la Tierra. Su estructura funcional ha de estar basada en la colaboración mutua y fiel entre los dos componentes que lo integran, es decir, marido y mujer. El complejo y complicado funcionamiento de un matrimonio ideal requiere que la dirección de toda su actividad deba ser conjunta y alternativa entre los dos integrantes del mismo, según se trate de unas cuestiones u otras, originadas por múltiples necesidades personales, familiares, económicas, sociales y culturales, sin perder en ningún momento el compromiso de su creación y el sacrificio y fidelidad en el cumplimiento de las muchas obligaciones que irán surgiendo con el desarrollo de la función transcendental del mismo, o sea, la perpetuación de la raza.

Los matrimonios ideales que mantienen esta sublime categoría durante toda la existencia de sus integrantes son, generalmente, los que dan origen a las elites sociales o sagas familiares, donde su economía, formación, poder y dominio constituyen los pilares básicos de su existencia. Todos sabemos que esas dinastías o poderosas familias son una ínfima minoría comparada con los millones de habitantes de los diversos territorios donde impera su dominio o poder. Aunque a muchos nos pueda parecer que existen demasiadas sagas o familias ricas y poderosas, no es así, ya que sometidas a las leyes de los Estados de Derecho constituyen los importantes motores de la cultura empresarial, del progreso y bienestar de los pueblos. No debemos olvidar que la mayoría de las grandes empresas se han creado en el seno de esas familias, originadas por matrimonios ideales, transformados en patriarcales. No todas las grandes empresas nacionales o multinacionales tienen como embrión una empresa patriarcal, aunque es cierto que si intentamos averiguar el origen de la mayoría de las mismas, nos llevaremos una gran sorpresa. De ahí, la insistencia en el matrimonio ideal.

Para una mejor compresión de la teoría mantenida hasta ahora, pensemos, por ejemplo, en un matrimonio cuyos integrantes se han autoseleccionado responsablemente con la vocación ineludible de formar un matrimonio singular o ideal, al mismo tiempo que se imponen el gran compromiso de convertirse en el embrión de una futura familia influyente, rica y poderosa. A medida que transcurre el tiempo se van cumpliendo los diferentes beneficios y compromisos matrimoniales, procreación, educación y formación de los hijos, y, también, los retos sociales y empresariales. Si estas circunstancias se mantienen hasta la independencia de los hijos, se puede afirmar que el matrimonio singular ha superado satisfactoriamente la formación de uno de los muchos núcleos planetarios sociales que podrán regir las diferentes relaciones del mundo, a condición de que el trabajo emprendido sea superado por una o más generaciones, hasta convertirse en dinastías o élites muy poderosas. La primera generación puede consolidar y ampliar el núcleo empresarial creado por sus progenitores y, por supuesto, su influencia y poder social. Aunque también puede destruirlo o eliminarlo de forma irresponsable o intencionada. Igualmente, puede ser destruido por uno de los miembros contrayentes si se origina el divorcio. En ambos casos, también se destruirá el concepto y los objetivos de un matrimonio ideal o singular, convirtiéndose en un matrimonio singular truncado. En la citada destrucción intervienen, principalmente, tres factores. Uno: cuando los hijos ignoran las directrices de sus progenitores, infravalorando la influencia y el poder del núcleo empresarial creado por ellos. Dos: cuando a la hora de formalizar los nuevos matrimonios, las parejas seleccionadas por los hijos son desiguales y carecen de la ética y formación necesaria para valorar y respetar en toda su magnitud a los creadores del referido núcleo empresarial. Y tres: cuando se produce un divorcio entre los cónyuges, aunque este caso no suele ocurrir en matrimonios singulares. Si los diferentes integrantes del ambicioso núcleo planetario familiar, social y empresarial, generado por el matrimonio singular, mantienen en el tiempo los exigentes retos marcados por sus progenitores, habremos asistido al nacimiento de una élite o familia muy poderosa a nivel social y económico. En todos los estados del mundo existen, aunque no superan muchas decenas. Si no se da el resultado descrito hasta ahora, estaríamos frente a un matrimonio tradicional con vocación frustrada.

Hemos descrito cómo un matrimonio singular se convierte fácilmente en un matrimonio tradicional frustrado al romperse la escalera hacia el pódium social cuya construcción habían iniciado sus dos integrantes. Los nuevos matrimonios de los descendientes que provocan la amputación o rotura social y empresarial se convierten en matrimonios tradicionales o flotantes, capaces de dar origen a dos matrices de matrimonios. Uno: ideales o singulares. Y dos: tradicionales convencionales. Derivándose de estos una amplia gama de matrimonios originados o condicionados por multitud de intereses personales, económicos y sociales. Aunque, según la naturaleza y formación de los diferentes individuos que se unen en matrimonio, pueden tener resultados efímeros, de graves consecuencias personales o familiares, y también sociales; y todo, porque a la hora de comprometerse han sido incapaces de valorar las diferentes afinidades coincidentes debido a su inexperiencia o por haber quedado magnetizados por una fuerza de atracción de alto contenido sensual, que muchos denominan «amor» y otros confunden con un gran deseo de amancebamiento.

Casi todas las clases de matrimonios son amputadas por algunos o por todos sus descendientes, a pesar de que el objetivo principal de sus progenitores, en la mayoría de los casos, es intentar sacrificarse y esforzarse al límite de sus posibilidades para que sus vástagos tengan la mejor educación y formación posible, garantizándoles de esta forma su bienestar y progreso. Y, por qué no, su gran anhelo de futuro reconocimiento o recompensa a tan loable obligación o empeño. No siempre ocurre esto y, menos aún, por parte de las parejas elegidas para formar futuros matrimonios. En esta fase debería darse una de las primeras recompensas junto con el respeto debido y el buen rendimiento formativo al aludido esfuerzo y sacrificio de los progenitores. Pero, desgraciadamente, no ocurre así en toda su extensión, sino que se produce una independización o degradación en las relaciones filiales a medida que los individuos se consideran superiores en conocimientos por pertenecer a otra generación o, simplemente, por ignorancia o soberbia. A estas circunstancias se debe el abandono de estudios, la elección de pareja desigual y la creación de barreras infranqueables en las relaciones paterno-filiares por creer que solo ellos tienen derecho a fijar y establecer los condicionantes que han de imperar en la creación de su nuevo planeta social, sin darse cuenta que rompen unas fuerzas magnéticas de amor paterno-filial que los puede convertir en asteroides con órbita irregular, incapaces de poder responder a las recompensas y obligaciones contraídas con el justo comportamiento de sus progenitores. El ejemplo más detestable de la cruel y moderna sociedad actual lo tenemos en las residencias para personas mayores, donde son aparcadas o abandonadas como vehículos viejos inservibles, que solo causan molestias y que es necesario eliminar lo antes posible, sin antes despojarlos de algunas piezas o pertenencias de valor.

Pero nadie, por muy infame que sea, debería olvidar o infravalorar el enorme esfuerzo y sacrificio que los integrantes de los diferentes tipos de matrimonio realizan en la fase de procreación y educación de sus descendientes, a los que le dedican lo más importante de sus vidas, dándoles protección y mucho cariño. Conviene que los hijos graven en su cerebro esta singular y larga fase de la vida, porque llegará el día que tengan que realizarla en sentido inverso, para dar a sus padres lo mucho que de ellos recibieron. En caso contrario, aunque no tengan necesidad de mendigar para poder vivir, si llegada la hora del sentido inverso, no fueran capaces de hacer partícipes a sus padres de un nivel o *status* social, igual o superior al vivido por ellos en el hogar paterno, bien sea durante largas temporadas o durante el resto de la vida, sin que se vea alterada la armonía y el normal funcionamiento de la nueva familia descendiente, pueden considerarse unos fracasados en su relación paterno-filial y, en parte, también profesional y social, excepto en graves situaciones derivadas de circunstancias bélicas o catastróficas.

Es cierto que en nuestra actual sociedad española de los inicios del siglo XXI es muy difícil lograr *status* superiores a los alcanzados por los progenitores, pero es justo reconocer que muchos descendientes no aplican el esfuerzo y sacrificio de sus mayores para superarlos, porque aún no se han enterado de que el tiempo es oro y no pueden perderlo o malgastarlo amparándose en la buena posición de salida que le han preparado sus progenitores. De ahí, que se queden toda su vida en posiciones equivalentes o inferiores a las vividas con sus padres, imposibilitándoles poder corresponder, ni siquiera en aniversarios o fiestas tradicionales, con regalos similares a los que ellos han celebrado y disfrutado durante tantos años. Muchos hijos se justifican o tranquilizan su conciencia diciendo que así es la ley de la vida, pero no deja de ser una gran falacia que solo sirve para justificar su fracaso familiar, profesional o social. Alguien puede pensar que esta afirmación es exagerada o simplemente falsa, pero yo les preguntaría: «¿Cuántas veces han visitado una residencia de ancianos o personas de la tercera edad? ¿Han hablado con muchos de ellos?». Si no lo han hecho, les invito a hacerlo y, entonces, hablamos. Por último, una sociedad no se puede considerar justa, solidaria ni progresista si tiene comportamientos injustos, despectivos o crueles con sus mayores, con los *nasciturus* indefensos en úteros maternos o con los desheredados. De aquí, la obligación y necesidad que tiene cada individuo de empezar a garantizar, desde sus inicios profesionales, una futura situación personal, familiar, económica y social que le garantice continuar viviendo con su mismo *status* social cuando se jubile; además de poder practicar una vida solidaria en libertad, con dignidad, en paz y con mucha estabilidad. Para conseguir este plácido, natural y decoroso final de la vida también deberían complementarse los posibles ahorros conseguidos en la actividad profesional con el hábitat y el medio ambiente en los que le gustaría vivir, es decir, dónde y cómo quiere vivir cada individuo después de cesar su actividad como profesional o trabajador. Este último apartado debería ser facilitado o complementado por diferentes ofertas de entidades públicas, mixtas o privadas, capaces de crear espacios residenciales adecuados y singulares, anhelados por una inmensa mayoría de personas mayores o de la tercera edad.

LOLA Y QUICO

A Lola y a Quico no les une ningún parentesco, son dos chicos elegidos al azar entre muchos de su edad, que viven en diferentes pueblos y sus familias tienen *status* sociales desiguales. Deseo que me cuenten sus vidas a medida que va pasando el tiempo, para tener una visión más cercana de una parte muy importante de la sociedad española.

Lola tiene doce años, pero gracias a su lozanía y agraciado desarrollo físico, parece que tiene dieciséis o dieciocho y, además, su desenvoltura y simpatía la sitúan fácilmente en esa difícil y peligrosa barrera entre la adolescencia y la mayoría de edad. Lo que sí se puede afirmar es que no quiere ser niña, porque anhela ser mujer. Pero su ambiente familiar, escolar y social le crea un corsé muy difícil de evitar, aunque ella lo intenta romper siempre que puede. A pesar de que tiene muchos amigos en el colegio, ella se siente más realizada y contenta con los que le superan algunos años en edad. Pero, a pesar de sus contratiempos, es una niña alegre, estudiosa, muy responsable, querida en su barrio y muy amada por sus padres. Si continúa así, es posible que termine los estudios secundarios, pero no visite ni siquiera la Universidad, porque, a pesar de su edad, tiene claro que solo quiere una buena formación profesional y prepararse lo mejor posible para ser una buena esposa y una madre extraordinaria y ejemplar.

Se llama Francisco, pero su familia y amigos lo conocen por el cariñoso apelativo de Quico. Tiene dieciséis años, de aspecto atlético y goza plenamente de su adolescencia, practicando sus tres deportes favoritos: fútbol, natación y ciclismo. Sin dejar de participar en todas aquellas actividades recreativas y sociales que, junto con su numeroso grupo de amigos, le proporcionan diversión y felicidad, aparte de mantener relaciones de pareja, más o menos duraderas, con alguna de sus mejores amigas. Es un chico responsable, muy querido por sus padres y un buen estudiante, porque ya empieza a valorar el gran patrimonio que se puede adquirir por medio del aprendizaje en general. Por esto, tiene muy claro que cuando termine sus estudios actuales ingresará en la Universidad, donde piensa hacer una licenciatura y un doctorado. En la actualidad, ni se le ocurre tener novia formal y, por consiguiente, ni piensa en el matrimonio, porque considera que ese estado de suprema responsabilidad y comprimida libertad es algo que previamente requiere la maduración personal, la consolidación profesional y el logro de muchos objetivos que transformaran y enriquecerán su personalidad.

Después de casi una década de haber conocido a Lola, hoy le he sugerido si quería contarme como ha pasado estos años, pero, sobre todo, que me hable de aquellos hechos que han transformado su forma de ser y, por supuesto, de los muchos cuyo cumplimiento anhelaba y de otros que nunca soñaba que ocurrirían. Su lozanía exuberante, su simpatía y sus ganas de vivir demuestran que goza de la vida, que sus objetivos personales y profesionales se están cumpliendo, de ahí, que no tenga ningún reparo de pregonar a los cuatro vientos sus muchas vivencias, porque, además, tiene una gran vocación didáctica muy samaritana. Ha querido que su exposición no se resuma en preguntas y respuestas, sino que prefiere contarme esta parte de su vida de la forma más sincera y natural posible, sin ninguna clase de corsé literario y que sea yo el encargado de ordenar y explicar de forma clara y didáctica su relato, bastante desordenado en el tiempo, quizás, forzada por los muchos recuerdos que al salir a la luz se atropellan por querer ser los primeros.

Lola ya ha cumplido los veinte años, pero cierra los ojos y recuerda perfectamente todo lo que le ocurrió en su última etapa de niña, de adolescente y en sus primeros años de juventud hasta la actualidad. Terminó con cierta pereza y mucho esfuerzo sus estudios de Educación Secundaria de la rama administrativa y enseguida encontró trabajo como cajera en unos grandes almacenes ubicados en la capital de la provincia, que dista unos treinta kilómetros de su pueblo. Por esto, ya no vive con sus padres y comparte apartamento con dos amigas. Me repite varias veces que los amigos de verdad son grandes tesoros, porque su rapidez en encontrar un trabajo que le satisfacía mucho fue gracias a la influencia que ejerció uno de sus mejores amigos, que era jefe de sección de esos almacenes donde trabaja. Aunque su vida va transcurriendo con bastante normalidad, es decir, tiene una gratificante relación con sus padres y hermanos, disfruta mucho con sus amigos y su trabajo le da la tranquilidad y la seguridad que le permiten vivir felizmente. Pero, a pesar de todo, ella no está satisfecha, porque considera que ya debería estar casada o en víspera del anhelado estado.

Lola está teniendo serios problemas en encontrar su media naranja, a pesar de que se relaciona con cantidad de chicos mayores que ella, por lo que cree que deberían estar pensando en el matrimonio. Pero no es así, practican sin descanso el arte amatorio o enseñanzas del Kāma-sūtra, con la excusa de que hay que conocerse muy bien, antes de contraer compromisos sociales con grandes responsabilidades. El resultado es que no aparece el galán deseado o dispuesto a desposarla. Ella piensa que ya no cabe esperar ningún compromiso serio por parte de algún integrante del amplio grupo de amigos a los que le ha entregado todos sus encantos, su simpatía y sus artes culinarias, que garantizarían los quehaceres de una extraordinaria ama de casa y, por qué no, una responsable y lozana mamá. Cree que desde su adolescencia e inicios de su juventud ha cometido un grave e irreparable error que tiene como consecuencias el no ser querida como futura esposa por parte de alguno de esos amigos, dispuestos a hacerla feliz en la cama a cualquier hora del día durante todo el año. Ahora comprende que eso de la igualdad de sexos no tiene muy buenos resultados, según en qué casos, porque así como la inmensa mayoría de las mujeres prefieren unirse a hombres muy experimentados en las prácticas amatorias, no ocurre lo mismo con los hombres a la hora de buscar su media naranja, ya que una gran mayoría prefieren encontrarla intacta para ser ellos los primeros en probar su pulpa y dulces jugos.

Pero, a pesar de los contratiempos que está sufriendo, Lola no se arrepiente de nada de lo que ha hecho a nivel amatorio desde que era casi una adolescente, que su desbordada pasión la catapultaba a cielos desconocidos, cuando se entregaba con un solo limite a sus ardorosos y espigados amigos. Era tal la pasión y el placer que sentía practicando múltiples relaciones amatorias con diferentes chicos que se convirtieron en una necesidad casi cotidiana para poder librarse de posibles trastornos de sueño o depresivos. Por todo esto, ella contaba los días para llegar a su mayoría de edad y anhelaba convertirse en mujer con todas sus consecuencias. Pero a medida que se acercaba ese día, le surgía una duda, cuya decisión tenía que madurar para que el hecho fuera recordado con inmenso placer, alegría y satisfacción durante toda su vida. Se trataba de planificar la pérdida de virginidad, eligiendo al hombre deseado, el lugar de ceremonia y, por supuesto, su tiempo o dedicación. Es cierto que los preferidos eran dos chicos a los que conocía muy bien en casi todos los aspectos, de aquí que fuese capaz de recordar algunos lunares singulares, por muy escondidos que estuvieran en el cuerpo de sus adorados amigos. Uno tenía dos o tres años más que ella y el otro superaba su edad en una decena. El primero le podía ofrecer el hotel más inmenso y bonito del mundo, por su extraordinaria decoración ambiental y cenital, constituyendo un espacio lleno de muchos elementos naturales vivientes, incluidos, unos cantos y una armonía difícilmente reproducible con instrumentos musicales (me estoy refiriendo a una parte de naturaleza excepcional, donde no faltaría un río, ni el canto de múltiples pájaros). El otro amante se inclina por un hotel especial, con habitaciones decoradas que recuerdan a países exóticos y sus ambientes correspondientes, incluidos, sus atentos camareros, que harán que se cumpla cualquier capricho de la pareja de enamorados. En fin, cuando solo faltaban diez días para cumplir sus dieciocho años, Lola tenía que tomar una decisión, cuyos recuerdos la acompañarían toda su vida, siendo vitales para superar mejor los muchos momentos amargos que le daría la vida, incluidos, los originados por las inexorables transformaciones de su cuerpo a causa de la vejez. Mientras Lola se toma un tiempo para tomar una gran decisión de su vida, entremos otra vez en la vida de Quico.

Quico, casi a punto de cumplir los veinticinco años, ya tiene su licenciatura de Derecho, prepara el doctorado y trabaja en un conocido bufete de abogados de la capital donde vive. Además, junto con un grupo de amigos de la Universidad y del mundo del trabajo han decidido colaborar al máximo de sus posibilidades con el partido político que mejor defiende sus ideas, especialmente, la patria, la familia, la vida, el trabajo, la ley y la libertad. A pesar de haber superado algunos objetivos a nivel personal y profesional, que considera imprescindibles para pensar en formar una nueva familia, sigue considerando que el matrimonio sería un pesado lastre para lograr, de forma holgada y satisfactoria, sus aspiraciones profesionales, incluida, la experiencia necesaria de la vida para intentar asegurar un buen resultado vital, no solo profesional, sino también sentimental, familiar y social. En la actualidad, considera que le está costando mucho más esfuerzo y sacrificio mantenerse libre de cualquier compromiso sentimental que los estudios que está realizando, así como sus diferentes responsabilidades en el mundo profesional y político. Es cierto que cada rotura sentimental a causa de exigencias de compromisos matrimoniales por parte de las diferentes amigas con las que ha intimado, le han provocado heridas cuya cicatrización le ha marcado un endurecimiento de su sensibilidad, que le sirve como caparazón para afrontar mejor las siguientes fracturas amatorias, a causa de la experiencia que le va forjando una singular personalidad, capaz de vencer los más difíciles obstáculos para lograr las metas propuestas y, además, tiene muy claro que todavía se considera bastante alejado de una meta que considera sublime y de una responsabilidad extrema, como es el matrimonio. Valorando la necesidad de las relaciones sentimentales o, mejor, las pasionales, el heterogéneo grupo, a nivel profesional, de amigos más íntimos, después de comentar las diferentes experiencias de las enseñanzas del Kāma-sūtra han llegado a la conclusión mayoritaria de que las mejores relaciones sexuales son la que se producen con la inmensa mayoría de las mujeres muy comprometidas o muy liberadas, es decir, las mujeres casadas o divorciadas sin ambiciones matrimoniales. Quico está de acuerdo con la conclusión final de la mayoría de sus amigos, cuya experiencia en el mundo marital subterráneo poligámico es altamente satisfactoria y relajante, sin necesidad de sentirse culpable de truncar sentimientos que puedan causar graves daños, especialmente, en mujeres con grandes ansias de contraer matrimonio. También le han aconsejado que no permita el nacimiento de lazos posesivos permanentes que le puedan contrarrestar la libertad o crear situaciones peligrosas si se descubre la situación de infidelidad por parte de la insaciable o aventurera esposa. La relación con las mujeres que se consideran libres de ataduras familiares, amorosas o pasionales, como pueden ser la mayoría de divorciadas o desengañadas de relaciones no consolidadas, tampoco está exenta de contratiempos que puedan coartar la libertad de forma más sutil y efectiva, que la originada por las jóvenes casaderas, debido a la gran experiencia adquirida durante su época matrimonial. Estos consejos, y algunos más de casos muy específicos, son los que Quico seguirá practicando durante unos años más, mientras se sacrifica y esfuerza en la consecución de todos sus objetivos formativos, sin obviar placeres inolvidables de la vida. Aunque Quico hace bastantes años que perdió la virginidad, considera que casi siempre el hombre es un ignorante en las relaciones con las mujeres y, mucho más, si se trata de relaciones íntimas, de ahí que le encante mantener reuniones con amigos de profesiones relacionadas con el hogar, el mercado y demás servicios, donde intervienen mayoritariamente las mujeres casadas y también muchas solteras. Los considera enciclopedias vivientes cuando explican sus apasionadas conquistas y las diferentes e insólitas acciones que terminan en camas, aún calientes, a causa del abandono precipitado de un marido que le ha fallado la alarma o toque de diana. Tampoco olvida las múltiples y perversas aventuras contadas por los amigos de profesiones universitarias, llegando a la conclusión de que, mayoritariamente, nuestro mundo nada tiene que envidiar a lo que ocurría en las bíblicas ciudades de Sodoma y Gomorra, con la excepción de que nosotros lo tenemos cubierto por un manto invisible, muy bien tejido con falsos hilos de ética, cortesía e hipocresía, a pesar de que, muchas veces, se presentan descosidos o violentas roturas que permiten visiones no deseadas, por sus gravísimas consecuencias sociales o de integridad física, apareciendo lo que los sectarios o progresistas denominan «violencia de género», cuando el pueblo lo conoce como un ataque de cuernos. Quico quiere dejar constancia de la primera vez que copuló con una mujer, ya que fue un hecho tan singular que nunca olvidará a causa de unas sensaciones o convulsiones jamás experimentadas, a pesar de que había tenido otras múltiples relaciones con amigas, cuyos cuerpos conocía a la perfección. Tenía dudas sobre a quién debería entregar su virginidad, porque las aspirantes sobrepasaban la decena entre solteras, casadas y, excepcionalmente, alguna mamá de sus mejores amigos. Al final, la afortunada fue la que durante bastante tiempo había sido su novia, jamás olvidada, muy querida y deseada. Esto ocurrió cuando ella ya era mamá y hacía, aproximadamente, dos años que se había casado con un integrante del grupo de amigos, a pesar de que Quico era el hombre de sus sueños, pero no estaba dispuesta a perder el tiempo, hasta que él consiguiera sus objetivos instructivos o profesionales. Lo cierto es que Quico recordará ese día durante toda su vida, gracias a la pasión y experiencia amatoria de la mujer con la que tantas noches había soñado. Ese día se juraron amor eterno como hacen la inmensa mayoría de amantes, pero con el firme compromiso de envolverlo, antes que causar daños o roturas familiares. En la actualidad, mantienen una respetuosa amistad, pensando siempre en el bien familiar, pero no exenta de entregas pasionales en celebraciones de fechas inolvidables.

Estoy nuevamente con Lola, cuando acaba de cumplir veinticinco años y, antes de explicarme sus vivencias durante estos últimos cinco años de su vida, ha querido recordar que aquella importante duda que a veces no la dejaba reconciliarse con el sueño en las vísperas de cumplir su mayoría de edad, al final, tuvo un desenlace tremendamente feliz, sin olvidarlo ni un día, y, además, cree firmemente que la acompañará toda su vida. Recordemos que su gran duda era si perdía la virginidad en medio de un lugar paradisiaco, de naturaleza salvaje o en una exótica habitación de un hotel singular junto al mar, cuyas embravecidas olas producían un sonido musical muy difícil de olvidar. A ella no le importaba en esa decisión la elección del hombre, porque estaba enamorada de los dos, los quería mucho y conocía sus cuerpos a la perfección. Solo inclinó la balanza el deseo de conocer algo que sabía que existía, según le habían confirmado algunas amigas, pero nunca había estado a causa de no tener cumplidos los dieciocho años, por los que tanto suspiraba. De todas formas, no transcurrieron muchos días cuando pudo subir a las nubes más altas, a causa del enorme placer que experimentó al entregarse con total libertad a su otro amado; por cierto, muy amante de practicar el amor en plena naturaleza, ya que es un gran admirador de casi todas las costumbres amatorias de muchos irracionales. Desde esa inolvidable mayoría de edad, hasta casi los veinticuatro años, Lola, aunque los intenta contar, no puede afirmar el número de amantes que la han hecho sumamente feliz, provocándole innumerables orgasmos o clímax, que se convierten en descargas repentinas de la tensión sexual acumulada. Ella no se considera una furcia, porque no presta ningún servicio sexual a cambio de dinero, sino una mujer libre e igual a los hombres, aunque, desgraciadamente, integrante de una sociedad que no tiene asumida la libertad de la práctica sexual femenina por necesidad de un bienestar personal. Son muchos los perjuicios que este comportamiento acechan a las mujeres, cuyo resultado final no les beneficia en absoluto, al contrario, se pueden ver muy perjudicadas, convirtiéndose, finalmente, en vulgares prostitutas. Pero este no es el caso de Lola, porque aparte de ser una mujer responsable, trabajadora e inteligente tiene muy claro que la institución matrimonial o familiar es un valioso refugio y el ente social básico de una sociedad civilizada. Es cierto que le duele demoler su república independiente creada con plena libertad, pero sabe que si la prolonga mucho tiempo, irremediablemente, la soledad destruirá su actual goce de total independencia, como consecuencia de una vejez de la que no se librará. Por consiguiente, tiene muy claro que se ha de casar para formar un matrimonio y crear una familia honorable y, si es posible, numerosa. Ella ha conocido a muchos hombres y se encuentra animada, preparada y segura para constituir un hogar donde impere el respeto, la compresión, la solidaridad, el sacrificio y el amor que dará como resultado el nacimiento de un cariño recíproco entre los integrantes de la singular sociedad matrimonial. Lo difícil será encontrar a un hombre con anhelos semejantes, liberado de ciertos prejuicios sociales y con el deseo de formar una familia numerosa, sin importar el esfuerzo y sacrificio que todo eso generará.

Lola sabe que ese futuro marido ha de ser forastero, es decir, de otra parte de España distinta a la suya, pero siempre español. Tiene referencias de las costumbres de las gentes de otras regiones españolas, especialmente, de cómo se comportan los hombres con sus mujeres e hijos. De ahí, que sus próximas vacaciones estivales, de una duración aproximada de quince días, las haya fijado en la capital de una región, donde la renta per cápita es una de la más alta de España y está poblada por familias muy trabajadoras, de costumbres tradicionales cristianas. En esas vacaciones, astutamente programadas, con grandes pinceladas culturales, a Lola la acompañará otra amiga, con tantos deseos, o más que ella, de abandonar la soltería. Como el tiempo pasa más rápido de lo que muchas veces deseamos, Lola y Carmen, que así se llama su amiga, acaban de instalarse en la planta más alta de un bonito y céntrico hotel de la pequeña e histórica capital de la afortunada región, donde sus hombres y mujeres se divierten hasta la extenuación para olvidarse de lo mucho que trabajan. Creo que, por ahora, solo es bueno desearles mucha suerte a las dos grandes amigas para que en esa bonita tierra española encuentren lo que ambicionan, ya que se lo merecen por su inteligencia, esfuerzo y sacrificio al intentar superar difíciles barreras sociales.

Cuando Quico cumple la edad con la que, en virtud de una acción democrática, mayoritaria, injusta y repugnante fue crucificado Jesucristo, o sea, 33 años, me encuentro nuevamente con él, para que me cuente como han transcurrido los últimos ocho años de su vida. Me confirma que casi ni se acuerda cuándo terminó su doctorado en Derecho Constitucional, también me habla de algunos casos singulares vividos en los tribunales de justicia como abogado defensor y de otros muy especiales, como profesor durante tres años en la Facultad de Derecho, donde estudió, y de la que tiene extraordinarios recuerdos. En la actualidad está a punto de empezar a hacer las maletas para marchar a trabajar durante dos años a una embajada española del continente americano. Y cuando vuelva nuevamente a España, tiene muy claro que se convertirá en un alumno más de la Escuela Diplomática, porque anhela ejercer de diplomático para ser lo más útil posible a su patria y a todas sus instituciones. Y solo cuando consiga ese *status* profesional pensará en formar una familia honorable con descendencia numerosa, si es posible; porque, aparte de su soltería, tiene grandes sentimientos paternales. Aunque reconoce por su larga, extensa y, a veces, increíble experiencia con muchas mujeres, bien sean, solteras, casadas, jóvenes o maduras, que tiene pánico a la creación de una nueva familia, formalizada a través del matrimonio tradicional, porque él respeta y defiende la igualdad del hombre y la mujer como personas y frente a la ley, pero, en cambio, tiene muy claro que el matrimonio es una importantísima institución en el mundo civilizado, regida por un contrato de mutuo acuerdo entre los contrayentes, donde cada uno tiene asignado un rol que no se puede pretender romper amparándose en una pretendida igualdad de sexos, ya que el posible libertinaje, más o menos controlado del hombre o de la mujer, no tiene las mismas consecuencias para la honorabilidad de la institución y, también, para sus descendientes. Por esto, encontrar una mujer que quiera casarse para formar una gran familia patriarcal, como él desea, donde impere la responsabilidad, el respeto, el amor y el cariño, y dispuesta a esforzarse y sacrificarse por la consecución de un objetivo sublime, como es la descendencia responsable y querida, o sea, los hijos creciendo y formándose en un ambiente familiar envidiable.

Quico reconoce que tanto el hombre como la mujer tienen que ser los creadores o artífices responsables de la honorable institución familiar, pero sabe por su larga experiencia social, que es la mujer la que mayoritariamente pone en marcha la formación de una nueva familia a través del matrimonio, la que lo equilibra y lo mantiene y, también, la que puede convertirse en la principal responsable de minar la convivencia marital armónica de la instauración matrimonial, hasta conseguir su demolición total, cuyos escombros pueden causar daños muy graves, especialmente, a los más inocentes, o sea, a los hijos, si los tienen. En definitiva, Quico, a pesar de su gran experiencia de la vida y de su alta formación cultural y profesional, no se siente preparado para poder elegir a la mujer que tiene en mente, porque, a pesar de poder encontrarla con más o menos facilidad, no confía en las apariencias y comportamientos de la mujer soltera, especialmente, si se encuentra en el ejercicio de astuta y seductora pescadora, ya que, una vez conseguida la captura, puede transformarse en otra persona totalmente distinta en cuanto a promesas y comportamientos, que pueden dañar gravemente las relaciones maritales, con consecuencias muy imprevisibles. Quico recuerda un refrán que le repetía su abuelo muchas veces, pero que él, en aquel tiempo de adolescencia, no llegaba a comprender el porqué de la cansina reiteración de su abuelo cuando le decía: «Quico, la mujer y la burra hay que elegirla cuanto más cerca, mejor». El abuelo le aclaraba que cuando un día buscara una mujer para casarse, lo intentara entre las que había conocido desde niñas, para no equivocarse mucho en la elección de su futura esposa y madre de sus hijos. Teniendo en cuenta los consejos de su abuelo, Quico, que todavía tiene la suerte de poder confiar muchos secretos a su madre y pedirle también grandes consejos, ha tomado una decisión de la que no se arrepentirá jamás. Confiará a su madre la búsqueda de su media naranja, porque tiene la absoluta seguridad que, a pesar de su placentera y dilatada experiencia con las mujeres, su madre lo supera por sus años y por ser mujer. Por ahora, dejemos a Quico que prepare su viaje al continente americano y disfrute mucho en su larga estancia en países paradisiacos.

Hoy, después de casi diez años de haber dejado a Lola y a su amiga Carmen disfrutando de unas extraordinarias vistas desde la planta más alta de un céntrico y bonito hotel de la pequeña capital, me ha sorprendido satisfactoriamente al recibirme en un pequeño pueblo de gran valor arquitectónico, rodeado de verdes prados y extraordinarias montañas, ubicado a muy pocos kilómetros de la capital de la afortunada región y separado unos quinientos kilómetros de la tierra donde ella nació. Lola se encuentra espléndida y rebosante de alegría, porque ya es mamá de dos niños y una niña, a cual más guapo. También me cuenta que su amiga Carmen vive en el mismo pueblo y es madre de dos niños.

Lola ha querido hacernos partícipes de cómo ha transcurrido esta última década de su vida, desde que llegó con su amiga a pasar unas cortas vacaciones de verano a esta maravillosa e inolvidable tierra, pero las dos con un objetivo muy claro, o sea, buscar marido para formar las nuevas familias que tanto deseaban. No pasaron ni diez días después del inicio de las interesadas vacaciones cuando detectaron señales seguras de que habían picado buenos peces en los anzuelos, lanzados con la precisión y paciencia, como lo hacen los veteranos y expertos pescadores de selectas especies.

Lola conoció a un chico que la superaba en unos quince años su edad, o sea, era un hombre a punto de cumplir cuarenta años, con una buena formación física y profesional, larga experiencia en las distintas facetas de la vida y propietario de una pequeña empresa dedicada a la explotación agrícola y ganadera, por lo que lo convertía en un pequeño empresario autónomo que se ganaba muy bien la vida. Por estas circunstancias, por su madura edad y por los reiterados consejos de sus padres, él ya hacía casi un año que tenía muy claro que debería encontrar una mujer convencida de unirse a él en matrimonio para formar una familia similar a la de sus padres, familiares y amigos. Pero por su vasta experiencia con las mujeres sabía que eso no era nada fácil, a la vista de cómo se expresaban y comportaban sus amigas y conocidas respecto al matrimonio tradicional o patriarcal, defendiendo en todo momento la obligatoriedad de iguales comportamientos por parte de ambos integrantes, con respecto a los quehaceres caseros, sin olvidar el mantenimiento de sus actuales relaciones y un *status* de libertad sin control ni límites de acción. Con mujeres educadas en una manipulada igualdad y con un pensamiento liberal muy particular, sin saber o aceptar la verdadera responsabilidad de un matrimonio que dé origen a una familia tradicional, donde impera el amor, el sacrificio y la lealtad, difícilmente se puede tomar una decisión responsable e intentar formar una familia similar a la familiar o paternal. Esta era la situación de Marcos, quería casarse, tener hijos y una mujer inteligente que lo comprendiera muy bien y que lo hiciera feliz, porque él sabía muy bien lo que tenía que hacer para que ella se sintiera la reina de su casa, sin olvidar en ningún momento que el rey era él. Estaba seguro que esto solo podía hacerlo una gran mujer, muy amante de la familia y, sobre todo, sumamente inteligente, respetuosa y conocedora de la diferencia entre hombres y mujeres, especialmente, en las relaciones matrimoniales o conyugales, donde una actitud dominante e impositiva de trabajos caseros, bien sean de limpieza, de ajuar o de cocina, pueden herir sensibilidades varoniles que provoquen sensaciones de castración psíquica que terminen originando violencia en la relación conyugal.

Cuando Lola y Marcos se encontraron por primera vez, no fue en una discoteca, tampoco en ningún bar y, menos aún, observando alguna iglesia de las muchas de la ciudad para encontrar o diferenciar ciertos elementos arquitectónicos que les confirmaran si se trataba de un monumento románico o gótico. No, Lola y Marcos se conocieron una mañana de sol radiante, cuando ella y su amiga Carmen decidieron hacer una excursión a uno de los pequeños pueblos rurales y ganaderos cercanos de la capital, donde las huertas, los frutales y los extensos prados, donde las vacas y otros animales pastaban a sus anchas, sin importarles mucho la gente extraña que pudiera adentrarse por los caminos linderos; bueno, es cierto que alguna vaca curiosa o cansada de tanto rumiar, se acercó a la cerca para observar mejor a las extrañas visitantes e, incluso, probar el ramillete de hierba, que estas le ofrecían con la intención de que se acercara un poco más, para acariciarla mejor.

Cuando Lola y Carmen estaban entusiasmadas y muy entregadas a conseguir acariciar a la simpática vaca, de repente, o sin darse cuenta, se encontraron a su lado al dueño de las vacas, de los caballos, de las ovejas y, también, del prado, quien, después de saludarlas con la simpatía y amabilidad muy propia de las gentes de los pueblos, les advirtió de que no habían hecho bien al entrar en esas zonas privadas y, menos aún, intentar acariciar a las vacas, ya que alguna podría responder de una forma poco amable. No se sabe si fue el efecto de los rayos solares, el espléndido paisaje, el mugido de las vacas, el canto de los pájaros o el perfume embriagador de los frutales en flor, o quizás todo junto, pero lo cierto fue que el resultado no pudo ser más extraordinario para Lola, porque, al mirar y saludar a Marcos, su cuerpo se estremeció o sufrió un pequeño y conmovedor terremoto interior, si así se puede llamar a un estado de *shock* o pérdida de la realidad, que le costó mucho volver a recuperar. Algo parecido le ocurrió a Marcos cuando los negros y grandes ojos de Lola quedaron clavados en los suyos, como flechas lanzadas por ese angelito o duendecillo encargado de lanzar las llamadas flechas del amor. Carmen observó con cierta perplejidad lo que estaba ocurriendo con su amiga y el hombre que acababan de conocer. Aunque no pasaron muchas horas cuando ella sufrió síntomas parecidos al conocer a Javier, que era uno de los mejores amigos de Marcos, ya que experimentó unos especiales sentimientos, provocados por lo que se conoce como «amor a primera vista».

Dos grandes amigos, Marcos y Javier, que han pasado casi cuarenta años de sus vidas haciendo grandes diabluras, según la edad, pero con un gran sentido de la responsabilidad, de su formación profesional, sin pasar por la Universidad, del trabajo y de un gran respeto a sus padres, pero incapaces de aceptar a mujeres como esposas que no les prometieran comportarse como sus madres, para formar familias patriarcales, iguales a las de sus padres. Parece ser que Lola y Carmen se lo prometieron de forma muy convincente y, quizás, esa sea la razón de que hoy estén casados, sean padres y unos maridos ejemplares, al encontrarse felices, muy enamorados de sus esposas, madres y amantes. Ambas amigas siempre se habían prometido que si encontraban un marido y formaban una ejemplar familia, aparte de ser esposas insuperables en sus diferentes relaciones familiares y sociales, sacrificadas y queridas madres, sobre todo, se convertirían en las amantes que jamás pudieran encontrar sus maridos. Estaban convencidas que si se casaban con hombres responsables y respetuosos, jamás existirían enfados duraderos, porque conocían perfectamente cómo crear pasión, dulzura y felicidad en la relación conyugal, olvidándose de muchas estupideces relacionadas con la igualdad de sexos, la violencia de género, los celos y demás teorías tóxicas.

No habían transcurrido muchos días después de conocer a Marcos, cuando Lola decidió con absoluta seguridad que aquel hombre la convertiría en esposa y madre de sus anhelados hijos y, por consiguiente, la principal responsable de formar y mantener una familia natural o tradicional, para cuya consecución estaba dispuesta a llevar a la práctica su gran experiencia vivida en su entorno familiar, profesional y, particularmente, la pasional, mezclada con la aceptación y el reconocimiento de las diferencias entre dos personas unidas en matrimonio, que se han de complementar en todos los sentidos, con sinceridad y lealtad, consiguiendo un ambiente familiar, donde solo se respire respeto, fidelidad, amor y paz. Lola tenía muy claro que su matrimonio o institución familiar triunfaría, porque conocía muy bien a los hombres y haría que su marido fuese un hombre feliz y satisfecho de su *status* varonil, patriarcal y libre, no permitiendo jamás que el cordel de los celos, que tanto daño causa, por culpa de mujeres con complejos, inmaduras e incapaces de comprender ciertos escarceos de los hombres, buscando de forma ocasional aventuras amparadas en el Kāma-sūtra, porque, a lo mejor, le son negadas en su cama por esposas estúpidas o frígidas. Lola no tendrá, ni ocasionará, a su marido ningún problema relacionado con los quehaceres domésticos, porque ella jamás ha visto a su padre fregar un plato, tender la ropa o coger la escoba y, por esto, desea lo mismo para su marido. Tampoco surgirán problemas a causa de los celos, al contrario, hará que su marido mantenga su vida social, o sea, la propia de un hombre que vive con libertad, sin sentirse vigilado, aunque, ocasionalmente, se pueda ver incitado como varón y responder como tal, pero manteniendo la responsabilidad marital contraída, amando y defendiendo a su familia por encima de todo, al estar muy satisfecho y mimado por su mujer en un ambiente familiar difícilmente superable.

Después de diez años de matrimonio, Marcos y Lola forman una familia ideal o tradicional, compuesta por dos niños y una niña, que responden a los nombres de Fernando, Julián e Isabel, y cuyas edades son de ocho, seis y cuatro años respectivamente. Niños que están siendo educados en el amor y respeto, no solo a sus padres, abuelos, tíos y primos, sino a las costumbres sociales y

demás tradiciones, incluidas, sencillas aclaraciones o contestacio-
nes a preguntas relacionadas con las ideologías políticas, religiosas
o sexuales. Estos niños, desde que nacieron, están disfrutando de
un ambiente familiar envidiable, ya que de forma muy continuada
los abuelos y, demás familiares, están con ellos. Marcos y Lola
son muy amantes de la familia tradicional y, por esta razón, han
procurado tener una bonita casa muy cerca de la suya, dedicada
exclusivamente a la estancia rotatoria y a su libre albedrío de familiares y amigos. En fin, se puede decir que Marcos y Lola están
triunfando y construyendo unos sólidos cimientos para crear una
singular familia, generadora de una posible élite o de un alto nivel
social, con fuertes influencias políticas o económicas. Estos son
los objetivos de los felices papás, que están dispuestos a realizar
grandes esfuerzos y sacrificios, para que sus hijos alcancen una
sólida formación universitaria y profesional, al mismo tiempo
que les ayudarán para que se conciencien e impliquen al máximo
en transformar y mejorar la sociedad en general. Si sus hijos no
alcanzan estas metas educativas, profesionales y sociales se senti-
rán,, en parte fracasados, aunque los principales culpables serán
los que, creyendo saber demasiado, o sea, sus hijos, no atiendan a
los consejos de sus progenitores y tomen caminos equivocados.
Aunque Marcos y Lola tienen un gran presentimiento respecto al
responsable comportamiento de sus hijos y, por esto, esperan que
sean unos grandes triunfadores en la vida y además reconozcan
y recompensen un día el gran sacrificio de sus padres.

Por ahora, dejemos a Marcos y a Lola disfrutar de sus hijos,
de sus mimados familiares, de los logros conseguidos con mucha
inteligencia y sacrificio, y volvamos a localizar a nuestro amigo
Quico, para que nos siga contando más cosas de su vida.

Cuando han transcurrido doce años desde la última vez que tuvimos la suerte de que Quico nos hablara de su vida de forma sincera y coloquial, hoy me cuesta mucho trabajo poder hablar con él, dirigiéndome con el afectuoso apelativo de siempre, o sea, Quico, porque me encuentro frente a un hombre de aspecto físico envidiable, con cuarenta y cinco años, de porte muy honorable y modales extraordinarios, donde la simpatía, la amabilidad y la naturalidad compiten para provocar una cordialidad que envuelven gratamente a todas las personas que tienen la suerte de estar a su lado. Yo seguiré llamándolo Quico, porque así me lo ha exigido y porque nuestra familiaridad y nuestro gran cariño y respeto, desde que era un niño, queremos mantenerlo como si fuéramos hermanos.

Trataré de resumir y exponer lo mejor posible todas las vivencias que Quico me ha contado sobre sus dos años como asesor jurídico en las respectivas embajadas de Españas en dos países americanos y hermanos. También ha estado en otras embajadas españolas de los continentes africano, asiático y europeo, gracias a su formación diplomática y jurídica, junto a la experiencia adquirida con el paso del tiempo y el perfecto dominio de los idiomas, francés, alemán e inglés. Últimamente, ha sido nombrado embajador de España en un gran país europeo, donde vive felizmente con su esposa y sus dos hijos. Esa felicidad originada por su gran triunfo profesional, que no solo le proporciona una posición social y económica muy elevada, sino una relevante influencia política que siempre dirige con un alto grado de responsabilidad hacia la óptima consecución de los objetivos políticos fijados por el gobierno de España. Decía que esa felicidad no sería completa, si Quico, su esposa y sus dos hijos no disfrutaran de la asidua compañía, sin problemas familiares, económicos o sociales de sus mayores, incluidos, hermanos, primos y amigos. Quico y Ángeles, que así se llama su mujer, desean y están de acuerdo que han de formar un núcleo familiar fuertemente unido por el cariño, el respeto, la solidaridad y, por qué no, gozar del placer que produce la sincera y leal compensación afectiva y material a los padres que un día se esforzaron y sacrificaron con el gran anhelo de que sus hijos les superaran en todos los aspectos, sin traicionar ninguno de los valores occidentales y, menos aún, los nacionales. Quico y Ángeles detestan a las personas que se endiosan a causa de su *status* profesional, económico y social, relegando a sus padres solo a algunas celebraciones o visitas muy esporádicas de cortesía, olvidándose, incluso, de un regalo de aniversario o, peor aún, justificando que no procede, porque no hay reciprocidad, olvidándose cruelmente de los muchos recibidos en su niñez, adolescencia y algunos años más. El matrimonio está plenamente convencido de que sus padres merecen las mejores atenciones, no solo a nivel afectivo, sino de los bienes materiales adquiridos para uso y disfrute de toda la familia y, cómo no, de la asidua compañía y cariño de sus nietos.

Quico y Ángeles odian las actuales residencias para mayores o personas de la tercera edad, ya que tienen testimonios de amigos y conocidos de lo mal que lo pasan nuestros mayores, no solo por el trato, más o menos inhumano, irrespetuoso o despectivo, sino por la cruel situación de abandono o expulsión forzada de la familia que un día formaron, dedicando durante una larga etapa de su vida muchos esfuerzos y sacrificios para conseguir que sus hijos adquirieran la mejor formación posible, logrando así una gran satisfacción y, por qué no, con la esperanza de ser recompensados afectiva y materialmente en los últimos años de su vida. Por esto, reitero una vez más que los hijos que no correspondan a sus padres como se merecen, se pueden considerar unos fracasados familiares, profesionales y sociales, a pesar de que presuman en esta hipócrita y abominable sociedad, de exóticas vacaciones o de un envidiable estado de bienestar, cuyas raíces se hunden en una ciénaga de ingratitud y de irresponsabilidad que culmina en una inhumana cobardía, soberbia o necedad, envueltas en cínicas apariencias sociales. Quico y Ángeles sienten un gran respeto y preocupación por las personas mayores en general y, no pocas veces, culpan a los políticos y gobernantes de no hacer nada por demoler las actuales residencias y crear nuevos conjuntos urbanos de residencia, ocio y descanso o restaurar y aprovechar pueblos históricos de valor arquitectónico para convertirlos en zonas residenciales singulares, donde las personas de la tercera edad se sientan libres y felices hasta los últimos días de sus vidas. Aunque piensan que de la mayoría de los actuales políticos españoles se puede esperar muy poco, a causa de su falta de patriotismo, formación intelectual y profesional, solidaridad, honor y valentía, frente a unas minorías de ideologías totalitarias, sectarias, separatistas y felonas, incompresiblemente permitidas y protegidas por una Constitución Española samaritana, que los españoles patriotas, valientes, fieles, solidarios y honrados necesariamente han de reformar por el daño que está causando a la igualdad y convivencia entre todos los españoles.

Creo que lo expuesto hasta aquí, nos permite afirmar que Quico es un hombre enormemente feliz por los extraordinarios resultados obtenidos con sus grandes esfuerzos y sacrificios, pero que, igual que su esposa, no tiene un concepto muy positivo del funcionamiento estructural del Estado de la Autonomías, de sus instituciones y, menos aún, de la honradez y competencia intelectual y profesional de la inmensa mayoría de los políticos. Pero retrocedamos en el tiempo para conocer muchas más cosas de nuestro singular protagonista.

Recordemos que con treinta y tres años recién cumplidos, Quico se marchó a Hispanoamérica, donde, según nos cuenta, desarrolló su actividad institucional de forma muy satisfactoria y plenamente gratificante para su ego profesional. En lo referente a su vida privada, y gracias a los consejos que recibió de compañeros veteranos en el lugar, tuvo que fingir en sus múltiples relaciones sociales que estaba casado, tenía dos niños y que su esposa e hijos no tardarían mucho tiempo en estar con él. Para un hombre soltero, de su edad, con su posición profesional, era imposible poder disfrutar de todo cuanto ofrecía la vida social de un país paradisiaco, con mujeres preciosas, melosas y sensuales, dispuestas a cualquier estado de sumisión, si a cambio lograban ser elegidas como esposa. Aunque, virtualmente, Quico era un hombre casado y padre de dos hijos, había féminas que todavía confiaban en sus encantos y embrujos, y, por esto, no permitían que su ansiado hombre pasara solo las cálidas noches tropicales. Aunque Quico no cree en el infierno, en el cielo o en el paraíso celestial, sí puede afirmar que existe el paraíso terrenal, porque él, en cuerpo y alma, ha pasado dos años rodeado de extraordinarios paisajes y mimado día y noche por ángeles terrenales que jamás podrá olvidar.

Después de dos años en América, Quico disfrutó de unas cortas vacaciones en España, aunque muy ajetreadas a causa de las diferentes fiestas sociales que organizó su madre para celebrar su reencuentro con toda la familia; aunque estas fiestas también tenían un objetivo fundamental, que era el gran interés de su madre para que conociera a la mujer que estaba segura lo haría feliz durante toda su vida. Y así fue, entre las tres o cuatro mujeres por las que su madre sentía adoración, se encontraba Ángeles. Una guapa y encantadora chica de veinticinco años de edad, educada por su madre para ser una gran esposa, ama de casa, responsable y encantadora mamá, de convicciones cristianas, licenciada en Derecho, con dominio de tres idiomas, muy preocupada por la justicia social, por la situación de los más débiles, por la despreciable actuación de los políticos comunistas y secesionistas de España, amante de la familia tradicional o patriarcal, y fascinada por el esfuerzo y sacrificio que habían hecho sus padres para que tuviera una formación universitaria, por lo que se sentía en deuda con ellos y no sería del todo feliz hasta recompensarlos de alguna forma, aparte de su gran respeto e inmenso cariño. Quico asegura que el amor a primera vista o flechazo son los efectos de ciertas reacciones químicas producidas por múltiples sentimientos y deseos que alteran ciertos circuitos cerebrales, originando anhelos posesivos, capaces de producir graves trastornos en las personas que los sufren, si no se consuman. Esto es lo que piensa Quico de aquel primer momento en el que tuvo la suerte de conocer a Ángeles, la mujer que lo hace sentirse diferente a ella, porque de una mujer inteligente, bien educada familiarmente, muy preparada a nivel profesional, creyente y amante del matrimonio tradicional o patriarcal, solo se puede esperar respeto y mucha felicidad, y si, además, se convierte en madre, se puede decir que estás en el único paraíso existente de todo nuestro enorme universo.

Quico y Ángeles tienen una gran obsesión por buscar la felicidad de las personas mayores que han dado lo mejor de sus vidas en el mundo del trabajo y, por esto, siempre piensan en cómo sustituir muchas de las detestables residencias de la tercera edad, existentes en España, por nuevas urbanizaciones, pequeñas ciudades o pueblos, donde no falte ningún servicio esencial para que sus especiales habitantes o personas jubiladas se sientan libres, seguras y acompañadas, rodeadas de un entorno que les permita ser creativas y felices y, sobre todo, alejadas de todos aquellos elementos, causantes del estrés que produce la vida diaria en cualquier ciudad de España o del mundo. Aparte de la citada preocupación por el bienestar de las personas que merecen respeto y admiración en cualquier sociedad civilizada, Quico y Ángeles están volcados en la consecución de una educación lo más completa posible para sus dos hijos, Gonzalo y Juan, de ocho y seis años respectivamente; porque ambicionan que no solo sean capaces de vivir muy bien con los frutos de su trabajo, sino que se esfuercen y sacrifiquen para lograr transformar la sociedad, haciéndola más justa y solidaria, liberándola de ideologías que han demostrado ser insolidarias, nefastas y criminales desde hace más de cien años. Sin olvidar algunas religiones monoteístas, causantes de exigencias o imposiciones inhumanas y, también, de muchas guerras, causantes de cientos de millones de muertos. Solo deseo como narrador y, creo que lo puedo hacer extensivo a todos los que seguimos esta historia, que, por ahora, los ejemplares padres y extraordinarios ciudadanos, como Quico y Ángeles sigan disfrutando de los frutos que le aporta el trabajo, esfuerzo, sacrificio y, sobre todo, que sus hijos alcancen una educación y formación óptima, para que sean capaces de colaborar en la transformación de la sociedad española, haciéndola más justa y solidaria.

No está en mis genes odiar a nada ni a nadie, pero he de ser sincero y reconocer que odio hasta el infinito a ese monstruo diabólico, encargado de dar cuerda a su detestable reloj del tiempo para que no se pare y así, pueda disfrutar torturando o transformando a los seres humanos en otros, que muy poco se parecen a lo que fueron cuando alcanzaron su pleno desarrollo e independencia paternal. Esa transformación humana en los últimos años de la vida de los seres humanos, originada por el paso del tiempo, no puede haber sido proyectada, ni mucho menos, consentida por una deidad infinitamente omnipotente, buena, poderosa y patriarcal, como enseñan algunas religiones monoteístas, porque si realmente en este cruel fenómeno o transformación humana, hay alguna influencia sobrenatural, solo puede ser obra de un monstruo con inmenso poder y maldad inimaginable del que, desgraciadamente y por mucho que luchemos, no podemos escapar, por ser parte de su endiablado trabajo; y en todo caso, pensando en el comportamiento de la mayoría de los seres humanos, afirmaría que solo somos pequeñísimos monstruos a la imagen y semejanza de nuestro torturador y creador. Por ahora, no quiero extenderme más sobre el omnipotente poder de los dioses de muchas religiones, pero resulta inevitable cuando observas el sufrimiento, la tortura y el injusto deterioro de muchos seres humanos en sus finales vitales o días de vida y, por esto, es normal revelarte contra muchas enseñanzas de las religiones que domestican o aborregan a los seres humanos, a pesar de que, según sus enseñanzas, somos seres creados a su imagen y semejanza por un Dios infinitamente bueno.

No he podido dejar de hacer la breve reflexión anterior, porque al encontrarme después de quince años con Lola y Marcos gozando de buena salud, pero con aspectos que muy poco tienen que ver con los de su juventud, es justo que uno se revele contra un padre omnipotente, que nada tiene de bueno, pero mucho de monstruo diabólico, en caso de que su existencia se corresponda con lo que enseña la Iglesia católica.

En fin, me encuentro a Lola muy feliz e inmensamente satisfecha de su realización como madre y esposa, aparte de sentirse muy contenta como mujer, no solo por ser madre y haber encontrado un hombre con el que compartir su vida llena de retos, sacrificios y placeres por los logros conseguidos, sin contar con la satisfacción y riqueza cultural adquirida por los muchos viajes realizados, primero con su marido y, más tarde, con sus hijos. Es cierto que en más de una ocasión ha lamentado no haber realizado estudios universitarios para comprender mejor el mundo que la rodea y, muy particularmente, a sus hijos en la etapa universitaria, para aconsejarlos y comprenderlos mejor; pero, a pesar de ello, se siente muy satisfecha como mujer, porque sentirse realizada no consiste solo en lograr las aspiraciones que satisfacen deseos exclusivamente de repercusión personal, ya que eso sería egoísmo, sino consumar acciones que prolongue, transformen y mejoren la convivencia social. En definitiva, lograr con su esfuerzo, sacrificio y la acción de una familia ejemplar, un mejor bienestar de la sociedad. Nadie puede sentirse realizado como persona solidaria y responsable en este mundo, si aparte de garantizarse con el sacrificio y esfuerzo de su trabajo una vida satisfactoria, no devuelve a sus padres y a la sociedad la inversión general que han realizado en su desarrollo personal, o sea, formación afectiva o familiar, universitaria y profesional.

Lola acaba de cumplir medio siglo de edad, tiene un marido que la considera la reina de la familia, la adora y reconoce que su felicidad ha sido extrema desde que la conoció. Ambos han sido capaces de formar una familia tradicional y patriarcal, donde el ambiente familiar creado ha permitido que sus hijos hayan crecido en el seno de una familia donde el respeto, el cariño y la responsabilidad han presidido en cada momento las diversas circunstancias derivadas de una convivencia familiar ejemplar. Lola, aparte de haber demostrado ser una mujer muy inteligente, también ha destacado en el plano afectivo y familiar con sus mayores, no solo con sus padres, hermanos y demás familia, sino que ha interiorizado con igual sentimiento la familiaridad y respeto con los padres, hermanos y demás familiares de Marcos, por cuya circunstancia, y por muchas más, su consorte es un hombre, un padre y un marido extraordinariamente feliz.

Cuando dos personas inteligentes, bien formadas, deciden casarse, asumiendo honradamente el hombre y la mujer el rol que le corresponde a cada uno dentro de la institución patriarcal tradicional, no existe peligro de violencia o rotura matrimonial, salvo que, desgraciadamente, una grave enfermedad o trastorno mental altere el responsable comportamiento de alguno de los contrayentes y haga saltar por los aires el compromiso y respeto inherentes a la institución familiar. Por consiguiente, igual que en cualquier fundación pública o privada de nuestra sociedad, existen jerarquías y distintas escalas de responsabilidad y mando, la excelsa creación del matrimonio también debe estar sujeta a una escala de valores que otorgue a cada contrayente su función o responsabilidad dentro de la misma y no reconocer estos principios diferenciales a nivel legal o ignorarlos a la hora de formar la citada institución matrimonial constituye una gran irresponsabilidad estatal y personal, por originar desavenencias o roturas familiares con consecuencias muy graves o de daños físicos irremediables. En el matrimonio formado por Lola y Marcos los peligros de maltrato familiar, divorcio o grave violencia física ni se han dado ni se producirán, por tratarse de dos personas muy inteligentes, leales, honradas y responsables, que asumieron con total libertad todas las obligaciones inherentes al matrimonio tradicional, porque sabían muy bien en lo que consistía unirse en matrimonio para formar una familia patriarcal respetable en nuestra enloquecida sociedad actual, que trata de igualar a los seres racionales con los irracionales o dinamitar los organigramas estructurales de las instituciones públicas o sociales, creando un caos convivencial, que, a continuación, trata de corregir con leyes injustas y discriminatorias.

En mi encuentro con Lola me ha hablado mucho de sus tres hijos, que tanto su marido como ella se sienten muy orgullosos por sus extraordinarios comportamientos afectivos y excelentes rendimientos en sus estudios universitarios. También están muy contentos por sus manifestaciones o compromisos personales y sociales, que indican los caminos u objetivos a conseguir a medida que vayan completando su formación profesional. Ya que deducen que, aparte de querer lograr un *status* profesional que les proporcione bienestar y felicidad, también piensan en desterrar cualquier síntoma de egoísmo particular para colaborar activamente en transformar o hacer más justa y solidaria nuestra sociedad, sin olvidarse de todo cuanto se merecen sus mayores por la gran herencia afectiva y familiar, sino por la sociedad recibida, que, aunque llena de irregularidades e injusticias sociales, les ha permitido y les sigue permitiendo vivir en paz.

De su hijo Fernando, me cuenta que hoy, a sus veintitrés años, ya está licenciado en Arquitectura, habla tres idiomas, estudia Derecho y también piensa estudiar Ciencias Económicas y Sociales, prepara un doctorado y ha empezado a trabajar en un prestigioso estudio de Urbanismo y Arquitectura; colabora desde muy joven en un partido político, con cuyo ideario está más o menos de acuerdo y ha sido elegido concejal de su pueblo, no solo por las siglas del partido político que representa, sino porque Fernando es muy conocido por casi todos sus convecinos, ya que, desde niño, ha participado en multitud de actividades deportivas y sociales, aparte de tener un carácter muy abierto y un comportamiento social muy solidario con todos los vecinos del pueblo y, sobre todo, porque su gran vocación desde niño es ser alcalde de su pueblo para convertirlo en el más original de España.

De Julián, que acaba de cumplir los veintiún años, nos dice que habla muy bien cuatro idiomas, devora los libros, es un intelectual nato, solo le falta un curso para terminar la licenciatura de Ciencias Económicas; después, piensa licenciarse en Derecho, hacer oposiciones para obtener una plaza de profesor universitario, doctorarse en Derecho Constitucional y, a continuación, estudiar muy a fondo la Constitución Española para promover a nivel nacional, mediante una recogida masiva de firmas, la reforma de la misma, porque detesta el actual sistema de partidos políticos, el Estado de las Autonomías y la existencia oficial de partidos políticos comunistas, secesionistas y felones.

Y, por último, la niña muy querida y mimada por todos, o sea, Isabel, que en la actualidad cuenta con diecinueve años, domina tres idiomas, pero aspira a dos más, estudia Sociología, porque siente pasión por los problemas y estructuras que caracterizan las diferentes instituciones, sociedades u organizaciones sociales. Además, aspira a ser profesora y catedrática en una importante Universidad Pontificia, ya que quiere crear una cátedra cuya enseñanza habilite y garantice una completa formación de la mujer que aspira a realizarse plenamente a través de un feliz matrimonio patriarcal, que dé origen a una ejemplar familia tradicional.

A la vista de todo lo expuesto, es lógico que Lola y Marcos se sientan felices y plenamente realizados, ya que su descendencia o herencia a la sociedad tiene extraordinarias perspectivas de excelentes aportaciones para transformarla y hacerla más justa y solidaria. Los felices padres solo aspiran y, además, están seguros qué ocurrirá al recibir de sus hijos la lógica y justa compensación a su inversión económica, afectiva, intelectual y profesional realizada, incluso, antes de nacer y así seguirán hasta que logren su plena independencia; por estas circunstancias y muchas más, deseo y creo que deseamos a Lola y a Marcos mucha suerte y felicidad.

Han pasado quince años cuando nuevamente me encuentro con Quico, que ya tiene sesenta años de edad y, solamente por respeto y también por méritos universitarios y profesionales, debo y deberíamos darle el tratamiento que todo el mundo le dispensa, o sea, Excelentísimo Señor Embajador del Reino de España, pero me exige que le siga llamando Quico, porque así, con mucho respeto y cariño lo he llamado siempre y, además, con esta familiaridad se siente despojado del hábito y boato que lleva inherente el *status* social y profesional alcanzado y, sobre todo, catapultado a unas épocas que nunca volverán por culpa del maldito reloj del tiempo, controlado por el omnipotente y diabólico relojero.

Quico nos cuenta que a su edad se siente muy satisfecho y plenamente realizado en el plano familiar, profesional, económico y social. Tiene una esposa muy inteligente que, desde que se casaron, solo le ha dado mucho cariño, respeto y felicidad; todo ello, coronado por dos hijos que constituyen sus verdaderos tesoros, no solo a nivel afectivo y familiar, sino por sus compromisos de querer transformar y hacer mucho mejor nuestra sociedad. Quico ha representado a España y lo continúa haciendo como embajador en diferentes continentes y países del mundo civilizado, por lo que su vida ha transcurrido por caminos y situaciones muy difíciles de valorar, no solo a nivel económico, sino por la acumulación de riqueza cultural, amistades poderosas, ilustres y fraternales, capaces de ayudar a realizar acciones que benefician altamente a la sociedad y a muchos ciudadanos en particular. Los relatos de Quico sobre sus distintas vivencias en países tan lejanos y diversos, con tradiciones, costumbres y culturas singulares, aparte de ser páginas de valiosas enciclopedias, te sumergen fácilmente en ambientes extraordinarios, quedando, muchas veces, embelesado, gracias a la emocionada y extraordinaria narrativa del embajador, que puede exponer muchas cosas de su vida durante horas y horas sin cansarse, y a nosotros esas horas nos parecerán minutos por la influencia en nuestras mentes de sus grandes y emocionantes relatos.

Quico, su mujer y sus hijos, a pesar de haber vivido casi siempre en el extranjero, cada año han pasado, como mínimo, dos periodos de vacaciones en España, para disfrutar de tantas cosas buenas como tiene nuestro país, pero, sobre todo, para reunirse cada día con el máximo de miembros posible de la gran familia y, también, de amigos; algunos muy mayores, como son los padres de Quico y de Ángeles, pero siempre agasajados y presentes en las diferentes celebraciones y eventos familiares o, simplemente, haciendo compañía a sus seres queridos, porque, tanto para Ángeles como para Quico, sus padres, sin distinción alguna, son personas especiales, merecedoras de mucho amor y respeto, porque, aparte de sentirse muy felices a su lado, siempre piensan que están en deuda con ellos por el gran sacrificio y esfuerzo que hicieron para que tuvieran una excelente formación. Esta justa y extraordinaria relación de los hijos con los padres, a Quico y a Ángeles les gustaría que se diera en todas las familias españolas y, mucho mejor, en todo el mundo; pero, desgraciadamente, no ocurre así por culpa de hijos naturales y políticos desagradecidos, ignorantes, irresponsables o sumamente egoístas e innobles, los cuales crean una sociedad, o parte de ella, sumamente inhumana e insolidaria con las personas mayores, las cuales son abandonadas o encerradas en residencias carcelarias, detestables, en vez de tratarlas con humanidad y cariño, como se merecen y, sobre todo, reconocerles el esfuerzo y sacrificio realizado durante toda su vida para dejar una enorme herencia que se llama «España» y una sociedad desarrollada lo más libre y justa posible.

La satisfacción y felicidad de Quico y Ángeles aumenta cuando nos hablan del inmenso placer e infinita alegría por el nacimiento de sus hijos; todo ello, aumentado y convertido en una felicidad ilimitada al verlos crecer sanos y muy responsables, hasta convertirse en jóvenes y hombres con una alta formación en ciernes y unas metas muy difíciles de superar, aunque reconocen que su logro requiere esfuerzo, sacrificio, paciencia y mucho tiempo. La consecución de sus objetivos profesionales, económicos y sociales tendrá máxima preferencia, porque será una de las grandes ofrendas que les hagan a sus padres, aparte de hacer todo lo posible para que siempre se sientan libres, seguros y acompañados. Los padres que tengan la suerte de tener hijos con semejantes pensamientos o ideales llevados a la práctica, no tienen más remedio que sentirse colmados de satisfacción y felicidad por encontrarse en un gran o pequeño paraíso, además, de plenamente realizados.

De acuerdo con todo lo que Quico y Ángeles me han contado sobre sus hijos, Gonzalo y Juan, por ahora podemos resumir lo siguiente:

Gonzalo está a punto de cumplir veintitrés años y acaba de obtener el título de Ingeniero Industrial, también estudia Arquitectura y el próximo curso iniciará los estudios correspondientes a la licenciatura de Derecho. En la actualidad habla y escribe con soltura los idiomas: inglés, alemán y francés. Aunque quiere aprender árabe y ruso, aparte de hacer un doctorado en Ingeniería o Arquitectura. Es concejal y milita activamente en un partido político que defiende la unidad de España y todos los valores tradicionales de la cultura occidental o grecorromana.

Juan tiene veintiún años, también habla cuatro idiomas, solo le falta un año para celebrar su primera misa como sacerdote, prepara el doctorado de Teología y estudia Derecho.

A la vista de todo lo expuesto, es lógico que Quico y Ángeles se sientan felices y plenamente realizados, ya que sus hijos, aparte de tener garantizada una vida feliz y satisfactoria, la sociedad española y el mundo civilizado en general recibirá excelentes aportaciones que contribuirán para hacerlo más libre, justo y solidario. Los felices padres solo aspiran y, además están seguros de que pasará, a recibir de sus hijos la lógica y justa recompensa por su inversión afectiva y efectiva, realizada incluso antes de nacer, hasta que logren su plena independencia, por estas circunstancias y muchas más, deseamos a Quico y a Ángeles, igual que lo hicimos con Lola y Marcos, mucha suerte y felicidad.

FERNANDO, EL ALCALDE

De Fernando ya sabemos muchas cosas, que es hijo de Lola y Marcos, arquitecto, abogado, habla español, inglés y alemán, y, sobre todo, que desde niño ya quería ser alcalde de su pueblo para transformarlo en alguno de los muchos que aparecían en los libros de cuentos que leía. Quizás por esto, a sus diecinueve años se convirtió en el concejal más joven del equipo municipal de su ciudad y, también, de España. Su ideología política está basada en un gran amor a España y a todo lo que significa la familia, la libertad, la justicia y la igualdad de todos los españoles, sin olvidar que la soberanía nacional reside en el pueblo español, del que emanan todos los poderes del Estado.

A pesar de su juventud, capitaneó o dirigió como jefe de la oposición el reducido grupo de concejales del partido político al que pertenecía, frente a una amalgama de comunistas, secesionistas y demás arribistas o vividores que se hicieron con el gobierno municipal y, por supuesto, con la alcaldía; y todo gracias a unos ciudadanos que no eran muy conscientes de lo que representaban muchas siglas políticas que de forma sectaria defendían mercenarios metidos a políticos. Esta situación no desmoralizó al joven concejal, porque conocía a casi todos sus paisanos y sabía que terminaría convenciéndolos de todas las actuaciones municipales que necesitaba la ciudad y cómo convertirlas en realidad. Para esta labor didáctica de convencimiento sabía que tenía cuatro años por delante, los cuales tenía que aprovechar muy bien para que en las próximas elecciones municipales, él y su equipo de trabajo, formado por otros concejales y profesionales voluntarios con una gran vocación de servicio a la sociedad, pudieran lograr el respaldo mayoritario de los ciudadanos para conquistar el gobierno de la ciudad, o sea, la alcaldía y una mayoría de concejales afines al programa marco o base de actuaciones municipales que pensaba desarrollar junto con su grupo de amigos, para transformar por completo su ciudad.

Fernando sabía que a los primeros que tenía que ilusionar y unir en la consecución de su extraordinario proyecto de ciudad era al equipo de profesionales de diversas disciplinas que, sin dejar su trabajo diario, querían acompañarlo para hacer realidad la gran obra que transformaría a la ciudad. Para lo cual, tenía que desarrollar un ambicioso programa marco o base de todo lo que quería hacer a nivel de actuación municipal, para que constituyera la guía referencial de los diferentes proyectos ejecutivos, que pretendía realizar con la colaboración y aportación de ideas de todos los componentes del abnegado grupo de trabajo, sin olvidar en cada caso lo que manifestaran o propusieran sus paisanos o habitantes de la ciudad. El referido programa base o marco de acción municipal estaría desglosado en diferentes áreas específicas, que abarcarían todas las actuaciones y servicios necesarios para lograr una gran ciudad. Estas áreas darían lugar a la creación de otros tantos equipos de trabajo que serían los responsables especializados en las correspondientes materias y, además, en un futuro gobierno municipal se transformarían en las tradicionales concejalías. Las propuestas y soluciones de las diferentes acciones específicas de cada área será un trabajo de todos, pero debatido conjuntamente con los ciudadanos, llevado a los diferentes plenos municipales como propuestas del grupo político y publicado con *copyright* en un boletín informativo, creado por los integrantes del equipo de abnegados voluntarios, cuya aportación económica y literaria será voluntaria. Este boletín, con formato y estructura coleccionable, deberá publicarse cada mes y, en el mismo, se expondrá a los ciudadanos de forma literaria, gráfica y didáctica todos los trabajos realizados por el equipo de profesionales voluntarios durante ese periodo de tiempo; también, aparecerán sus nombres y fotografías realizando diversas actividades, para que los habitantes de la urbe conozcan bien a algunos concejales y a los profesionales voluntarios, así como su desinteresado trabajo por el bien de la ciudad y de sus moradores.

A pesar de que todos, tanto concejales como voluntarios, trabajan en diferentes empresas o gabinetes técnicos durante toda la semana, no han tenido ningún problema en comprometerse con Fernando para dedicar cada final de semana un mínimo de tiempo, aparte de las horas que puedan destinar en casa, hasta finalizar el programa marco de actuación municipal que constituirá una parte importantísima del programa electoral de las próximas elecciones municipales.

Pensando en el trabajo y en la responsabilidad de esas futuras concejalías, Fernando considera que para llevar a la práctica su proyecto de nueva ciudad, son necesarias unas áreas de actuación y de futuro gobierno que, coordinadas entre sí, conviertan en realidad los diferentes programas de actuación municipal que quieren elaborar. Para comprender mejor el futuro programa que Fernando quiere confeccionar junto con su equipo de voluntarios, debemos conocer de forma muy sintetizada las diferentes características de su ciudad, que, con sus luces y sombras, no deja de ser una bonita ciudad en la que hay muchas cosas que hacer para enaltecerla mucho más.

La ciudad, donde vive Fernando desde que nació, hace varias décadas que fue un pequeño pueblo del interior peninsular, compuesto por un núcleo urbano histórico alrededor de la iglesia y de su plaza principal, circundado por barriadas humildes, que terminaban en los campos de cultivo y, también, por otras zonas más industriales y comerciales, limitadas por una carretera nacional y una línea de ferrocarril con su vieja y singular estación. Sin olvidar dos o tres barrios residenciales o señoriales, donde muchos integrantes de la burguesía, que vivían en la gran capital, tenían su segunda residencia, para pasar cortos o largos periodos vacacionales, disfrutando de un clima extraordinario, grandes jardines y parques, mucho arbolado en sus plazas y calles, extensos bosques y, cómo no, de la compañía de muchos habitantes de un pueblo que se dedicaba, mayoritariamente, al cultivo de la vid, a la ganadería y a la agricultura en general. En la actualidad, aquel singular pueblo se ha convertido en una ciudad con más de cincuenta mil habitantes, su núcleo urbano, más tradicional e histórico, todavía conserva modestas casas rurales y alguna barriada residencial del pasado, integrada por viviendas unifamiliares con sus pequeños jardines, que, últimamente, ha sido ampliada con el mismo criterio arquitectónico, pero con construcciones más modernas y, todo ello, acompañado de algunas viviendas residenciales, cuidadas por los herederos de la referida burguesía. El resto de estas viviendas centenarias, tanto rurales como señoriales, han desaparecido para dar paso a las nuevas construcciones plurifamiliares, de propiedad horizontal, sin gran valor arquitectónico, muy típicas del siglo XX. En definitiva, arquitectónicamente, el antiguo pueblo se ha transformado en una gran ciudad, pero sus plazas y red viaria, con las envidiables y simétricas plantaciones de árboles de diferentes clases, han quedado ancladas en la lejanía de los tiempos y, en muchas ocasiones, impracticables al querer romper el corsé al que se ven sometidas, como es el caso de las calles con estrechas aceras, grandes alcorques y árboles casi centenarios que enaltecen el paisaje y purifican el aire, pero sus raíces rompen el pavimento, dificultando o impidiendo el paso. Este pueblo convertido en ciudad, con aspiraciones de seguir siendo singular, residencial, verde y ejemplar tiene otro problema añadido a su red viaria y al conjunto urbano y arquitectónico en general. Se trata de un río con un amplísimo cauce, pero de caudal muy irregular, que, a veces, se convierte en un río de verdad y en muchas ocasiones, en una cloaca a cielo abierto. Este río divide en dos partes a una importante barriada del viejo pueblo, dando lugar a una imagen deplorable de la zona afectada, aparte de la contaminación ambiental provocada por la putrefacción de las aguas estancadas en su cauce y, también, de las que lo recorren, que están altamente contaminadas a causa de los vertidos incontrolados, muy propios para las redes de alcantarillado. Las dos partes de la antigua barriada están unidas, principalmente, por dos puentes que permiten la continuidad de dos de las principales avenidas de la ciudad, aparte de otros puentes o pasarelas peatonales, que aumentan la unión de la antigua barriada. También debemos añadir a la obsoleta urbanización, la falta de supresión de barreras arquitectónicas, que impiden el libre desplazamiento de las personas con dificultades físicas, que tienen que emplear sillas de ruedas o similares, aparte de impedir el cómodo desplazamiento de cualquier persona que transite por las aceras de las calles de la ciudad. Me he esmerado al máximo para resumir y presentar la situación urbana de la ciudad, porque en la reurbanización y desarrollo urbano incidirán, principalmente, algunas de las principales actuaciones de un futuro gobierno municipal, que desarrollará el programa marco o básico de actuación municipal que el grupo de voluntarios, dirigidos por Fernando, se dispone a realizar. Sin olvidar los estudios y actuaciones sobre economía, hacienda, creación de un singular espacio urbano o residencial para mayores o jubilados, viviendas, cultura y deportes, medio ambiente, parques y jardines, red de saneamiento, salud, seguridad urbana, servicios generales, participación ciudadana, coordinación territorial, política de empleo y cooperación social.

Todos los componentes del grupo redactor del PROGRA-MA MARCO DE ACTUACIÓN MUNICIPAL, integrado por diferentes áreas, conocen muy a fondo todo lo bueno y malo de la gran ciudad donde viven, aunque, a la hora de proponer y dar solución a los diferentes problemas que se presenten durante la realización de los diferentes proyectos o trabajos, siempre van a acudir a las diferentes asociaciones de vecinos o, directamente, a estos, para escuchar sus propuestas o soluciones. El referido programa de las futuras actuaciones municipales ha de ser siempre el marco fundamental a la hora del desglose de los diferentes proyectos o actuaciones del futuro gobierno municipal. Por ejemplo, todo lo referente al Área de Urbanismo no será objeto de una macroactuación en toda la ciudad, sino dividida en varios proyectos, fases o actuaciones parciales, ajustadas a los respectivos presupuestos municipales.

Creo que es hora de relacionar las áreas más importantes contenidas en el programa marco de actuación municipal para poder empezar a desarrollar las propuestas correspondientes. Estas áreas serán las siguientes: Urbanismo, Educación, Cultura y Deportes, Atención especial a las personas mayores o de la tercera edad, Transporte y Seguridad ciudadana, Hacienda y Administración municipal, Promoción, Atención Empresarial y comercial, Familia, Salud y Sanidad, Empleo, Vivienda y Servicios Sociales, y Conservación urbana, Reciclaje y Limpieza. De cada área, el equipo de trabajo elaborará unas fichas coleccionables, didácticas, técnicas o necesarias para presentar cada proyecto ejecutivo, donde aparecerá una memoria técnica justificativa de la actuación a realizar, los planos necesarios y dibujos en perspectiva; además, se realizarán maquetas y vídeos que hagan comprensibles a cualquier ciudadano sin formación técnica las soluciones adoptadas. También se incluirán las mediciones y valoraciones o presupuestos de todos los proyectos ejecutivos que se realicen, de acuerdo con las actuaciones o propuestas de las diferentes áreas. Es cierto que las fichas de las actuaciones de las distintas áreas tendrán contenidos específicos diferentes, pero eso no debe hacer variar el formato de la ficha coleccionable, para que el ciudadano, al final, se encuentre con un detallado libro de las diferentes actuaciones municipales, que Fernando y su grupo de especialistas voluntarios proponen para conseguir humanizar y modernizar su ciudad. Aparte del referido coleccionable, habrá unas actuaciones de especial singularidad urbanística y residencial, que serán objeto de un estudio y de un proyecto ejecutivo propio, encuadernado como un libro y facilitado a cualquier ciudadano que lo desee, a cambio de una pequeña aportación económica.

Indicado cómo se deben presentar y publicar a medida que se completa su desarrollo el conjunto de propuestas y actuaciones a realizar por las diferentes áreas municipales, a continuación, estableceremos los principales contenidos o marcos base a considerar en cada una de ellas.

ÁREA DE URBANISMO

Es normal que la transformación de un antiguo pueblo en una ciudad, tal como se ha descrito en los apartados anteriores, cause graves anomalías o carencias en toda su red viaria antigua, formada por calles principales, secundarias y residenciales, así como sus conexiones a la nueva red viaria, originada por la urbanización de la nueva ciudad y, todo esto, sin olvidar las antiguas plazas, parques y jardines, accesos a edificios públicos y las barreras arquitectónica que impiden el normal desplazamiento a muchas personas y, aún más, a las que padecen alguna minusvalía física.

Teniendo en cuenta todo lo dicho hasta ahora sobre el antiguo pueblo convertido en ciudad, el equipo de trabajo dirigido por Fernando, con los asesoramientos y ayudas de los ciudadanos interesados, ha decidido iniciar la redacción de los anteproyectos y todos los proyectos ejecutivos posibles de reurbanización, teniendo en cuenta lo siguiente:

1. Todas las calles del casco antiguo e histórico, excepto algunas principales de conexión con la red viaria principal, serán peatonales. Por consiguiente, todos los pavimentos y aceras de las mismas serán demolidos y sustituidos por nuevos pavimentos, construidos con materiales de características pétreas naturales y artificiales. Los imbornales han de ser tipo buzón, con bandeja

canalizadora y tapeta de cierre. El alumbrado de todas las calles y plazas estará en concordancia con la calidad de la nueva actuación urbana. También se realizará una nueva plantación de árboles con distribución simétrica en todas las calles, sin excepción alguna. Se procurará que las especies arbóreas sean las adecuadas a la zona y favoritas de los ciudadanos. Los tramos afectados de las citadas calles principales tendrán el mismo tratamiento constructivo que las calles peatonales. Las plazas afectadas tendrán un tratamiento respetuoso con su pasado, pero un diseño de acorde con las nuevas necesidades y usos que satisfagan a los adultos y a los niños, sin olvidar que todas serán pavimentadas con materiales de características pétreas, naturales y artificiales. En la distribución de los espacios se respetarán todos los árboles que tengan un mínimo de cincuenta años y sean característicos o familiares en la plaza. En todas las plazas se construirá una fuente ornamental y se instalará como mínimo otra de agua potable. También se instalará un conjunto sanitario urbano o servi-can, tipo buzón de correos, para facilitar a los ciudadanos todo lo necesario para atender higiénicamente las necesidades de sus mascotas. Y, por último, todos los contenedores de recogida de basura estarán ocultos y solo se visibilizarán sus bocas de vertido de los diferentes deshechos.

2. Todos los pavimentos de las calles y plazas de los barrios residenciales se demolerán, se eliminarán todos los árboles, el alumbrado existente y las instalaciones aéreas de diferentes servicios públicos. La nueva actuación urbana se realizará teniendo en cuenta los criterios siguientes:

a) En todas las calles de doce metros de anchura, o dimensión similar, se debe garantizar a los peatones unas amplias aceras, libres de cualquier elemento urbano, para que puedan hacer uso de las mismas sin ninguna clase de dificultad o peligro. Con esta solución se logra un reparto ecuánime de la superficie vial, obteniendo una calzada holgada, zonas de estacionamiento en ambos lados del vial, alternadas con la respectiva plantación de los árboles que integrarán las dos hiladas de arbolado que tendrá la calle. Estos árboles quedarán protegidos por el ensanchamiento de la acera entre cada plaza de aparcamiento y en el que también se instalarán las farolas del alumbrado y los diferentes elementos urbanos. En definitiva, una calle digna con dos hiladas de árboles y aparcamientos entre los mismos, con aceras de dos metros de anchura mínima y libres de cualquier tipo de obstáculos.

b) Para todas las calles de diez metros de anchura, o dimensión similar, el tratamiento debe ser análogo al descrito anteriormente, pero sacrificando una hilada de árboles y los estacionamientos o aparcamientos intermedios, sin que esta acción cause una devaluación urbanística o ambiental de la zona, sino todo lo contrario, porque proyectará a los ciudadanos respeto y armonía que dignificará la zona. En este caso se deben plantar especies arbóreas que, pasados unos años y realizando la tala adecuada, se logrará una amplia copa de cada árbol para que dé sombra en las dos aceras.

c) El espacio vial de la avenida o eje principal de la red viaria, que conecta el tráfico urbano con el interurbano y que constituye la principal entrada y salida de la ciudad, al mismo tiempo que conecta con las estaciones de Renfe y de autobuses, debe distribuirse de forma sencilla y racional para que exista un reparto justo entre viandantes, automóviles, árboles y elementos urbanos, dando prioridad al enaltecimiento de la vía pública por medio de amplias aceras, dos hiladas de árboles con estacionamientos alternados, igual a los ya descritos, mediana ajardinada, alumbrado público adecuado, conjuntos unitarios de mobiliario urbano, compuestos por jardineras, bancos y columnas-soporte de publicidad, imbornales tipo buzón con bandeja canalizadora y tapeta, conjuntos sanitarios urbanos o servi-can, tipo buzón de correos, y supresión de todas las barreras arquitectónicas. Todos los contenedores de basura tendrán un tratamiento análogo al ya descrito. Las rotondas, aparte de tener un adecuado diseño y tratamiento urbano acorde con la zona, deben tener esculturas, fuentes o árboles especiales que enaltezcan o singularicen a las mismas.

d) Las actuales zonas de paradas de autobuses y taxis se reurbanizarán siguiendo los criterios ya descritos y, además, se unificarán construyendo una nueva estación de autobuses con una zona exclusiva para la parada de taxis.

e) Creación de una estratégica y completa red viaria para bicicletas, patinetes eléctricos o similares.

3. La solución constructiva de toda la zona urbana afectada por el cauce del río, es de una especial envergadura de ingeniería, arquitectura y economía, por lo que su solución definitiva requerirá, igual que las acciones enumeradas hasta ahora, mucho tiempo, alta inversión económica y una estudiada división de fases de ejecución. Pero siempre dentro del programa marco primordial de actuaciones municipales, que aquí se establecen; por lo que la elaboración del mismo y su aprobación oficial constituirán los objetivos fundamentales de Fernando y su abnegado equipo técnico de colaboradores. Ellos saben que los habitantes de la nueva ciudad resultante de la puesta en práctica de su programa de actuación urbana no pueden darse por satisfechos hasta conseguir que el río quede plenamente integrado en el urbanismo de la ciudad, no solo a nivel paisajístico, sino de uso y disfrute máximo por parte de los mismos, de una forma segura ante posibles riadas con todos sus arrastres. El programa que conforma el referido marco, que se propone para el acondicionamiento e integración en el urbanismo de la ciudad del largo tramo urbano del río, consta de dos actuaciones o tratamientos muy diferenciados; uno soterrado o cubierto en la zona más céntrica o histórica del barrio afectado y el resto, un acondicionamiento o urbanización del cauce o lecho del río que quedará a cielo abierto, en espera de futuras actuaciones de soterramiento. Estas dos actuaciones se desarrollarán siguiendo los condicionantes que, seguidamente, se relacionan:

a) Soterrar o cubrir un tramo del río de 250 metros de longitud aproximadamente, comprendido entre los puentes de las dos grandes avenidas de la ciudad, obteniendo con

esta solución un gran espacio urbano, en cuya urbanización se mantendrán todas las conexiones necesarias
de la red viaria, se construirán dos edificios singulares,
se crearán extensas zonas peatonales, cumplimentadas
con conjuntos de mobiliario urbano ya referenciados; se
dispondrán zonas de juegos para niños y mayores, se instalarán fuentes de agua potable y, también, se construirán
fuentes ornamentales, se crearán jardines y se plantarán
muchos árboles, constituyendo todo el conjunto una
extraordinaria urbanización sobre un tramo muy céntrico
del río urbano.

b) Urbanización singular de todo el cauce o lecho del río
con rampas de acceso controladas, que impidan la entrada
de personas en épocas de tormentas o fuertes lluvias.
Esta urbanización constará de un canal central con corriente continua de agua limpia, un vial exclusivo para
ciclistas y patinadores, paralelo y contiguo a dicho canal,
dos viales peatonales laterales y, bancos y jardineras que
permitan la plantación de árboles y arbustos adecuados
y resistentes a las riadas, iluminación desde columnas-
soportes de diseño especial y un drenaje especial hacia
el canal central de toda la superficie urbanizada. Las
técnicas constructivas empleadas han de ser las propias
de cimentaciones profundas realizadas con hormigón
armado. De esta forma, los posibles efectos destructivos
de las riadas sobre los pavimentos de los viales, el pétreo
mobiliario y las singulares plantaciones serán ínfimos. Y,
por último, el referido tratamiento y tipo de construcción

de la citada urbanización permitirán una fácil y rápida limpieza motorizada de los arrastres de las riadas. Todas las actuaciones urbanas relacionadas hasta aquí han de ser objeto de detallados anteproyectos y proyectos ejecutivos, acompañados de dibujos en perspectiva, maquetas y vídeos, para ser expuestos en exposiciones públicas, como ya se ha explicado en el inicio de esta descripción. Recordemos que la presentación de los anteproyectos y proyectos ejecutivos de cada actuación se irán exponiendo al público a medida que se vayan realizando, sin obviar la exposición final, integrada por un conjunto de proyectos ejecutivos encuadernados.

4. Para acondicionar y humanizar la larga fachada de la nueva ciudad junto a la carretera nacional, esta se ha de rediseñar, convirtiéndola en una gran avenida de amplias aceras, hiladas de árboles con estacionamientos intercalados, siguiendo el criterio ya explicado, una mediana ajardinada y varios cruces peatonales, que transmitan posesión y seguridad a los viandantes, sin olvidar el tráfico rodado que tendrá una consideración igualitaria.

5. A nivel general se ha de conseguir que la red viaria, que genera el entramado urbano de la ciudad, quede perfectamente enlazada con los viales interurbanos para garantizar una correcta comunicación vial con diferentes ciudades. En los tramos de viales urbanos e interurbanos en los que se instalen barreras de seguridad vial o guardarraíles, estos no serán los tradicionales, sino que han de estar exentos de aristas cortantes y de ángulos punzantes, aparte de ser elásticos y amortiguadores, para evitar al

máximo mutilaciones o muertes de muchas personas que sufren accidentes, especialmente, los motoristas que impactan o caen sobre los guardarraíles actualmente empleados.

6. Por último, una gran ciudad no puede dejar en el olvido a su histórica estación de Renfe, por consiguiente, se han de construir un aparcamiento y modernos accesos que transmitan al viajero que llega o marcha de una ciudad especial. Sin olvidar la colaboración y exigencias a Renfe para que acondicione a las necesidades actuales la singular e histórica estación.

Con el programa marco o base de las futuras actuaciones urbanas o municipales definido en toda la descripción realizada hasta ahora, Fernando y su equipo técnico elaborarán todos los anteproyectos o dibujos necesarios, así como los proyectos ejecutivos correspondientes a su alcance, para ser expuestos y publicitados tal y como se ha indicado.

Área de educación, cultura y deportes

Es cierto que a medida que el antiguo pueblo se fue transformando con el paso del tiempo, también se construyeron nuevos colegios, alguna biblioteca y pocas instalaciones deportivas. En muchas ocasiones, se aprovecharon viejas construcciones o instalaciones, realizando tímidas remodelaciones o acondicionamientos que hicieron que la gran ciudad de hoy tenga graves carencias de instalaciones educativas, culturales y deportivas. Fernando y su grupo técnico de voluntarios, después de muchas visitas a los barrios y reuniones con diversas asociaciones, proponen un programa marco objeto de las futuras actuaciones municipales del área, que relacionan a continuación y que elaborarán y expondrán, siguiendo los criterios ya explicados. Estas actuaciones serán las siguientes:

a) Construcción de un centro escolar para niños de 0 a 5 años en zonas bien comunicadas de la ciudad, después de los estudios correspondientes y teniendo en cuenta la demanda de sus habitantes. Tanto esta clase de centros escolares, como los de estudios superiores, estarán construidos con la aplicación de las últimas tecnologías y dotados de las mejores instalaciones, incluyendo jardines, arbolado, buenos accesos y estacionamientos propios, que no obstaculicen el tráfico de la vía principal de acceso. El equipo de trabajo elaborará y expondrá un anteproyecto de cada modelo de centro escolar que se ha de construir y, también, de los existentes que se han de remodelar según el nivel educativo.

b) Construcción de un centro escolar para niños de 5 a 16 años, siguiendo los criterios indicados en el apartado anterior.

c) Construcción de un centro escolar o instituto para jóvenes de 14 a 18 años, siguiendo los criterios anteriores.

d) Construcción de un gran centro o instituto de formación profesional, estratégicamente ubicado y muy bien comunicado, tanto a nivel de transporte público como privado. Este instituto, aparte de ofrecer diferentes formaciones tecnológicas, también tendrá muy en cuenta las demandas empresariales.

e) Construcción de un complejo universitario que integre las facultades de los estudios más demandados en la zona.

f) Construcción de tres bibliotecas, estratégicamente ubicadas y dotadas de todas las tecnologías necesarias, para ofrecer a los ciudadanos todos los servicios que se merecen.

g) Construcción de un gran ateneo donde, cómodamente, puedan reunirse asociaciones de diferentes disciplinas para celebrar múltiples actos culturales, bien sean de tipo lúdico, científico o literario, haciendo honor a la diosa de la sabiduría, o sea, Atenea.

h) Construcción de dos museos. Uno dedicado a la Historia de España desde la Antigüedad hasta nuestros días, sin exclusión de ningún personaje histórico, ni tampoco acontecimientos similares. El segundo museo estará dedicado a la historia de la ciudad, desde sus inicios hasta nuestros días, sin obviar los diferentes acontecimientos, ni tampoco a sus autores. El contenido integrante de cada museo ha de estar avalado por historiadores de reconocido prestigio nacional e internacional, no atrapados o liberados de ideologías comunistas, totalitarias, sectarias o detestables.

i) Reformar y acondicionar las pocas instalaciones deportivas existentes para homologarlas y ajustarlas a la legislación vigente. En caso contrario, serán anuladas y sus espacios destinados a otros servicios públicos.

j) Construcción de un gran complejo deportivo con aplicación de las últimas tecnologías, donde se puedan realizar todos los deportes más demandados por los ciudadanos, entre ellos, fútbol y sus diferentes variedades, baloncesto, natación, atletismo, patinaje, ciclismo, etc., aparte de ofrecer a deportistas y ciudadanos todos los servicios necesarios en este tipo de instalaciones de grandes concentraciones humanas.

ÁREA DE ATENCIÓN A LAS PERSONAS DE LA TERCERA EDAD

Siempre debemos tener un especial respeto y consideración a nuestros mayores, por ser los creadores, protectores y actores principales de nuestra existencia, del mundo que tenemos a nuestro alcance, de todo cuanto nos rodea y de todo lo que tenemos a nuestra disposición respetando las normas de la naturaleza, las familiares, las cívicas y las sociales de la comunidad a la que pertenecemos. Por consiguiente, una sociedad civilizada, justa y solidaria, así como cualquier familia respetable y honrada, tienen la obligación ineludible de garantizar bienestar, protección, seguridad y libertad a sus mayores; si esto no ocurre, desgraciadamente, estaremos ante una sociedad gravemente enferma e insolidaria y, peor aún, frente a unas familias que no merecen tal consideración, sino una rotunda y contundente repulsa. Fernando y su creciente y abnegado equipo de colaboradores han visitado, en más de una ocasión, las dos o tres residencias para personas jubiladas que existen en la actualidad en la ciudad y su conclusión es la fulminante eliminación de estos establecimientos, especialmente, su funcionamiento y uso generalizado para todas las personas mayores o jubiladas, sin tener en cuenta su estado vital. Esta decisión la toman después de haber escuchado y acompañado a los residentes en sus quehaceres diarios, porque no hay derecho a desterrar de su ambiente familiar y social durante el resto de sus vidas a nuestros mayores en unas instalaciones carcelarias, donde se sienten vigilados día y noche e imposibilitados de vivir en libertad cuando tendría que ser todo lo contrario: garantizarles sus necesidades vitales en un ambiente familiar, de libertad, protección y seguridad, a excepción de aquellos que estén imposibilitados de disfrutar de ese hábitat de libertad a causa de enfermedad o de su estado físico. Es verdad que la sociedad del siglo XXI no lo pone muy fácil a todos los ciudadanos que quieren integrarse en el mundo del trabajo o formar nuevas familias, y empezar a responsabilizarse de construir una sociedad que progrese en libertad, bienestar, igualdad y solidaridad. Pero lo que no es admisible es la irresponsabilidad o desidia de muchos ciudadanos para realizar esfuerzos y sacrificios en la consecución del bien propio y, también, de la sociedad. En definitiva, la irresponsabilidad de muchas personas consigo mismas y con la sociedad tiene un precio que, tarde o temprano, se ha de pagar. A la vista de la profunda concienciación sobre la detestable situación de muchos de nuestros mayores en diferentes residencias, el abnegado grupo de creadores o vocacionales de servicio público, después de valorarlo y debatirlo con los afectados y con las respectivas asociaciones de vecinos, ha pensado en un gran proyecto estrella que enaltezca mucho más su ciudad. Y este se puede realizar en una gran extensión de terreno de titularidad municipal, fruto de una noble donación de un solidario y extraordinario vecino, que condicionó su uso exclusivo para la construcción de instalaciones o servicios públicos que prestaran beneficios sociales. La ubicación de este terreno es contigua a una zona de la ciudad con excelentes posibilidades de garantizar todos los accesos necesarios y su perfecto enlace con la red viaria de la misma. La propuesta de Fernando y sus colaboradores es la construcción de una urbanización residencial y exclusiva para personas de la tercera edad, con características y servicios muy similares a un pequeño pueblo que denominarán Paradisus o Ciudad de los mayores.

PARADISUS O CIUDAD DE LOS MAYORES

Aunque el desarrollo completo y más detallado del proyecto de la ciudad de las personas jubiladas será objeto de los últimos capítulos de este libro, aquí trataremos de elaborar el marco base para la construcción y funcionamiento de una urbanización singular o residencial, exclusiva para personas de la tercera edad o jubiladas. Esta especial y pequeña ciudad constará de:

a) Doscientas cincuenta viviendas unifamiliares de 40 m2, con un pequeño jardín, apareadas y ubicadas en una sencilla red viaria de calles peatonales residenciales, unidas a una arteria principal que confluye en una singular plaza por un extremo, donde se comunica con la entrada principal y otros accesos; y por el otro extremo, confluye en una gran avenida peatonal, que une dos edificios públicos y comunica con la salida secundaria del recinto residencial.

b) La distribución de espacios de cada vivienda será la siguiente: dormitorio doble, cuarto de baño completo, sala de trabajo tipo despacho, sala de estar-comedor y cocina tipo americano. Pequeño jardín frontal de 20 m².

c) En la ciudad Paradisus no existirá ningún tipo de vehículo privado ni público, excepto en las horas de limpieza o mantenimiento y, excepcionalmente, algún servicio de ambulancia. Por consiguiente, todas las calles de la singular urbanización residencial serán peatonales, estarán exentas de barreras arquitectónicas y desde ninguna se visualizará el tráfico exterior o de la población. Para garantizar la seguridad en esta pequeña ciudad especial o Paradisus se construirá una muralla tipo pueblo medieval y solo tendrá una puerta de acceso principal y otra que permitirá el acceso a las zonas de huertos, talleres y granjas, anexas a la misma. Todos los residentes tendrán libertad de movimiento durante el día y la noche, dentro y fuera de la singular ciudad, solo será necesaria su identificación, si algún responsable de la seguridad se la solicita.

d) La parte frontal de toda la singular urbanización estará formada por tres edificios de doble altura; donde en uno se ubicará un pequeño mercado, cafetería bar y restaurante. En otro se ubicarán las dependencias propias de un pequeño Ayuntamiento, Policía municipal, oficinas bancarias, Seguridad Social y otras. Y en un tercer edificio se ubicarán consultorios médicos, dependencias hospitalarias de cuidados primarios y una pequeña residencia para personas con movilidad reducida a causa de su enfermedad o estado físico. Los citados edificios tendrán accesos y aparcamientos subterráneos que estarán comunicados directamente con la calle o avenida de la gran ciudad que permite el acceso a la zona donde se ubica Paradisus o ciudad de los mayores.

e) En la fachada o parte posterior de la citada urbanización especial amurallada se construirá un pequeño edificio de dos planta tipo ateneo, donde se puedan realizar todas las actividades propias de un recinto de estas características, o sea, múltiples actos culturales, científicos o literarios.

f) Las zonas de huertos, granjas y talleres también forman parte del conjunto residencial o de la ciudad Paradisus, por lo que estarán dentro de la zona amurallada y servirán para hacer realidad los deseos de todos los residentes que lo quieran, supervisados y tutelados por los especialistas correspondientes.

g) Mientras la construcción de la ciudad de los mayores se convierte en una realidad, el grupo técnico, con Fernando como director, no dejará pasar el tiempo sin acometer las reformas necesarias en las residencias actuales, para humanizarlas un poco más, aparte de establecer controles exhaustivos sobre el funcionamiento y el trato dispensado a las personas mayores o residentes.

h) Construcción adosada o exterior a la ciudad de los mayores de un gran parque temático referente a la Historia de España, dividido por cuatro paseos radiales que confluyen en una gran plaza central, que albergará un gran teatro o auditorio al aire libre, cuatro fuentes ornamentales, varias de agua potable, bancos, sillones giratorios individuales, etc. Cada una de las cuatros zonas resultantes por la construcción de los paseos de trazado radial albergará estatuas de los principales personajes históricos de cada época de nuestra Historia, o sea, de la Edad Antigua, Medieval, Moderna y Contemporánea. El contenido histórico del parque ha de estar avalado por historiadores de reconocido prestigio a nivel nacional e internacional, no atrapados o liberados de ideologías comunistas, totalitarias, sectarias o detestables.

i) Construcción exterior y junto a la ciudad de los mayores de un apartotel-residencia, que pueda ofrecer cortas o largas estancias a familiares y amigos de nuestros mayores residentes en su ciudad-paraíso, turistas o estudiantes de poblaciones lejanas o rurales que quieran cursar estudios en la nueva Universidad.

Lo explicado hasta aquí sería un boceto de la futura ciudad de los mayores o Paradisus, pero suficiente para que Fernando y su grupo técnico de colaboradores puedan realizar un detallado y completo boceto, además de una gran maqueta y un buen dosier explicativo del contenido de la misma, para que a todos los habitantes o convecinos los atrape un gran interés por conocer el llamado proyecto estrella de Fernando y su grupo técnico de voluntarios. Se puede asegurar que la maqueta de Paradisus o Ciudad de los mayores, sus descripciones, dibujos y fotos serán objeto de múltiples tertulias y discusiones entre los diferentes paisanos, que, tarde o tempano, se pueden ver afectados.

ÁREA DE TRANSPORTE Y SEGURIDAD CIUDADANA

El transporte urbano e interurbano debe estar garantizado como mínimo durante dieciséis horas cada día, con una frecuencia reducida en las horas punta y más dilatada en el resto del tiempo, de acuerdo con las peticiones más consolidadas. Los autobuses urbanos tendrán la capacidad adecuada, de acuerdo con la demanda. Se establecerá una ruta estratégica de circunvalación que una de forma rápida los diferentes barrios e instalaciones principales de los servicios públicos, incluidas, las paradas de los autobuses encargados de unir y recorrer la red viaria secundaria. Teniendo en cuenta estos condicionantes y las aportaciones vecinales, el grupo de trabajo ha llegado a la siguiente conclusión:

a) Crear una nueva red de circunvalación de autobuses que garantice el correcto enlace con los autobuses de capacidad más reducida, encargados de prestar servicio en el interior del casco urbano.

b) Aumentar la flota de autobuses de acuerdo con los estudios realizados.

c) Gratuidad o tarifas muy reducidas en todos los servicios de transporte público para todas las personas mayores o jubiladas. Se pueden establecer tres escalas de colaboración económica con las respectivas tarjetas identificativas, según sea la cuantía de su pensión. Igual consideración se debe tener para hacer extensivo el uso y disfrute de las diferentes instalaciones públicas que requieren un pago para tener acceso a las mismas.

Respecto a la seguridad ciudadana, resulta lógico que uno de los factores que dan prestigio a cualquier ciudad es la tranquilidad de poder pasear o desplazarse por sus calles o plazas a cualquier hora del día o de la noche, con la confianza de que no se va a sufrir ninguna clase de violencia. Para garantizar al máximo la seguridad que Fernando y su grupo de colaboradores quieren para su nueva ciudad, teniendo en cuenta la situación actual, proponen y redactarán las siguientes actuaciones:

a) Aumentar la plantilla de la policía local es una decisión inexcusable para garantizar la seguridad durante el día y la noche en todos los barrios y rincones de la nueva ciudad.

b) Garantizar un servicio policial de máximo rendimiento y calidad; por consiguiente, la policía estará dotada de una completa flota de vehículos de dos y cuatro ruedas, así como de todos los medios policiales y tecnologías modernas.

c) Recuperar el antiguo cuerpo de serenos o vigilantes nocturnos, que actuarán en contacto permanente con las patrulla de guardia de la policía. Este cuerpo de vigilancia nocturna transmitirá a los ciudadanos que transiten durante la noche por las distintas zonas de la ciudad mucha tranquilidad y seguridad, al mismo tiempo que la urbe ganará calidad de vida.

d) Construcción de dos nuevos locales policiales o comisarías, ubicadas en zonas estratégicas de la ciudad y dotadas de todos los medios necesarios para prestar un gran servicio de calidad, no solo a los ciudadanos, sino a los policías o usuarios de las respectivas instalaciones.

e) Rehabilitación y acondicionamiento de la comisaría existente, asignando las funciones más cercanas a las necesidades de los ciudadanos.

ÁREA DE HACIENDA Y ADMINISTRACIÓN MUNICIPAL

No cabe ninguna duda de que el conjunto de actuaciones municipales, contempladas en el programa marco o base para lograr la nueva ciudad a la que aspiran Fernando y su abnegado equipo de colaboradores, requiere una gran inversión económica y una extraordinaria colaboración de Organismos Nacionales y Europeos. Solo será cuestión de convencer a las autoridades

correspondientes de la urgente necesidad de transformar y rehabilitar la situación actual de la ciudad, presentando los correspondientes proyectos ejecutivos de las diversas actuaciones, contenidas
en el referido programa marco y por la que están dispuestos a
luchar hasta las últimas consecuencias. Es cierto que no toda la
ayuda económica ha de llegar de los diferentes programas europeos, nacionales o privados, sino que las arcas municipales han
de colaborar con el máximo de su posibilidades, pero sin que
los ciudadanos vean incrementados sus impuestos, sino todo lo
contrario, para cuya consecución el equipo promotor, con Fernando a la cabeza, propondrá y realizará las siguientes actuaciones:

a) Auditorías de todos los servicios municipales y análisis de
la necesidad de los mismos, para suprimir los innecesarios
o reestructurarlos de forma que presten un ágil y mayor
rendimiento público.

b) Revisión integral de todos los impuestos municipales
para realizar una supresión o rebaja de los mismos, especialmente, los de plusvalía, valores catastrales, reformas de
viviendas, ocupación del espacio público, etc.

c) Los respectivos proyectos ejecutivos de todas las actuaciones municipales han de ser autorizados y avalados por los
órganos responsables, antes de proceder a la aprobación
de la asignación económica correspondiente por parte
del gobierno municipal.

d) Solicitar a los organismos nacionales y europeos las ayudas necesarias para realizar por fases las diferentes actuaciones recogidas en el citado programa marco o base, previendo para su completa ejecución un tiempo máximo de doce años.

e) Ofrecer la participación a las empresas privadas en la construcción y explotación pública-privada de alguna de las grandes actuaciones referenciadas, como podría ser el caso de la ciudad Paradisus exclusiva para personas de la tercera edad, sin olvidar un estratégico programa de aparcamientos periféricos y urbanos.

ÁREA DE PROMOCIÓN, ATENCIÓN EMPRESARIAL Y COMERCIAL

Aparte de que la ciudad ya es muy conocida en el mundo empresarial y comercial por sus buenos accesos viales, sus polígonos industriales, grandes centros comerciales periféricos, aparcamientos y una extensa y variable red comercial urbana, será absolutamente necesario promocionar, a nivel nacional e internacional, las diferentes bondades industriales y comerciales que ofrece la urbe, las cuales quedarán aumentadas y muy valoradas con la gran transformación que experimentará la nueva ciudad y, en conjunto, el municipio, originando más inversiones que, lógicamente, repercutirán en la buena economía municipal. Por consiguiente, el equipo promotor pondrá en marcha las siguientes actuaciones:

a) Realizar un vídeo promocional o película usando los medios y efectos especiales necesarios para dar a conocer de forma didáctica, histórica y real cómo es la población en la actualidad, sin olvidar el conjunto del municipio, es decir, sus campos circundantes, centros comerciales periféricos, sus naves industriales y sus redes viales de acceso desde carreteras o autopistas, incluido, el ferrocarril.

b) Realizar una segunda película detallando y resaltando todas las actuaciones municipales del programa marco o base del conjunto de obras públicas o municipales que se pretenden realizar en un tiempo máximo de doce años. Esta película presentará, de forma virtual o muy real, con el empleo de los métodos y efectos especiales necesarios, cómo será la futura ciudad.

c) Celebrar conferencias nacionales e internacionales, reuniones empresariales, comerciales y vecinales, donde las referidas películas siempre serán las tarjetas de presentación del programa marco de las futuras actuaciones municipales elaborado por Fernando y su grupo técnico de colaboradores, con el objeto de que sea conocido por posibles financiadores, empresarios, comerciantes y, también, por todos los habitantes interesados del municipio.

d) En los medios de comunicación y en las citadas presentaciones sobre la nueva ciudad se ha de hacer especial referencia a la construcción de nuevos polígonos industriales, de sus inmejorables accesos y, también, en el aprovechamiento comercial de muchos locales vacíos en el interior de la trama urbana, para conseguir incrementar la actividad y resurgimiento económico y social de los respectivos barrios.

e) Facilitar y simplificar al máximo todos los trámites de obtención de documentos o licencias municipales, tanto a nivel personal, comercial o empresarial.

f) Construcción de un nuevo mercado, estratégicamente ubicado y dotado de modernos servicios, aparcamiento y accesos. Rehabilitación, ampliación del mercado existente, dotándolo de todas las tecnologías y servicios necesarios para ofrecer a los ciudadanos unas prestaciones de alta calidad.

ÁREA DE FAMILIA, SALUD Y SANIDAD

Ya lo hemos indicado, pero no nos importa repetirlo: la familia tradicional, respetuosa con las leyes y tradiciones, es el ente más importante de una sociedad de convivencia armónica, justa, libre, solidaria, prospera y civilizada. Por consiguiente, su protección y ayudas sociales para el fomento de su creación, consolidación y logros satisfactorios de sus objetivos será una obligación del nuevo Ayuntamiento, que trabajará y gobernará para conseguir el bienestar general de todos sus ciudadanos. Para mantener una buena salud personal, los ciudadanos no solo necesitan tener viviendas con toda clase de servicios y comodidades, tener una buena alimentación, trabajar en ambientes sanos y ejercer actividades físicas recomendadas para mantenerse en buena forma, sino que es necesario que desarrollen todas las facetas de su vida en un medioambiente de buena calidad y esto solo pueden encargarse de hacerlo las diferentes Administraciones del Estado, empezando por los Ayuntamientos. Aunque los Ayuntamientos tienen una responsabilidad compartida con las instituciones sanitarias del Estado, estos deben ser los primeros en comprometerse con los ciudadanos, en ofrecerles unos servicios sanitarios óptimos en todos los niveles, tanto humanos como tecnológicos. Para garantizar lo anteriormente expuesto, el referido equipo de trabajo, dirigido por Fernando, desarrollará y expondrá públicamente lo siguiente:

a) Garantizar, en colaboración con el área de vivienda y servicios sociales, la necesaria protección y ayudas a las familias que hayan tenido la desgracia de sufrir una grave enfermedad, accidente o cualquier otra contrariedad que les impida desarrollar su vida cotidiana de forma normal.

b) Instalación de aparatos gimnásticos en los parques y jardines para que los ciudadanos que lo deseen puedan realizar algunos ejercicios físicos para mantenerse en forma y conservar una buena salud, sin olvidar la instalación de fuentes de agua potable y el cuidado y conservación de los árboles, junto con el resto de especies vegetales.

c) Construcción de tres centros sanitarios, dos de Atención primaria y otro de Especialidades médicas, dotados de todos los medios humanos y tecnológicos necesarios para poder prestar servicios de máxima calidad.

d) Rehabilitación y dotación completa, tanto humana como tecnológica del actual centro sanitario de Atención primaria, para que pueda prestar satisfactoriamente todos los servicios médicos que le sean asignados.

e) Cementerio actual: rehabilitación y ampliación de todo el recinto, construcción de edificios anexos, aparcamiento, accesos y dotación de todos los elementos necesarios, incluyendo las máximas tecnologías para poder prestar un completo y satisfactorio servicio a los ciudadanos.

f) Emprender las acciones y contactos necesarios con los demás ayuntamientos de la zona, para exigir al Estado la construcción de un centro hospitalario con la máxima tecnología de medios tecnológicos y de recursos humanos especializados.

ÁREA DE EMPLEO, VIVIENDA Y SERVICIOS SOCIALES

El programa-marco o base de actuaciones municipales previstas para realizar en un periodo de doce años, que transformará la ciudad si Fernando y su grupo técnico de colaboradores consiguen el gobierno municipal en las próximas elecciones municipales, no solo generará empleo para todos los trabajadores de la ciudad, sino que será necesaria la colaboración profesional de personas de otras partes de España. La nueva ciudad debe garantizar a todos los ciudadanos los servicios necesarios para que puedan realizar una vida satisfactoria que dé lugar a una convivencia social muy armónica, que irradie seguridad, paz, libertad y, sobre todo, mucha solidaridad, que haga sentir a todos los habitantes que forman parte de una gran familia social. Esto no se consigue si entre los que han de dirigir el gobierno de la ciudad se infiltran políticos comunistas, totalitarios, sectarios, felones, vividores o egoístas, que solo piensan en su bienestar y en la implantación de la ideología política o sindical que sectariamente defienden. Teniendo todo esto en cuenta, el grupo promotor de la nueva ciudad propone desarrollar y programar lo siguiente:

a) Construcción de viviendas sociales y edificios de servicios públicos en los solares resultantes de la reurbanización de algunos barrios con antiguas fábricas u otras instalaciones en desuso.

b) Rehabilitar y convertir la antigua residencia de personas de la tercera edad o jubiladas en una residencia de estancia limitada para gente sin techo o trotamundos sin poder adquisitivo. Las ordenanzas municipales de la nueva ciudad no permitirán dormir a ninguna persona en la calle.

c) Creación de un Departamento de empleo que sirva para coordinar la gran demanda empresarial que se producirá al poner en marcha las diferentes actuaciones municipales contempladas en el referido programa marco. El objetivo principal de este departamento será lograr el pleno empleo de todos los trabajadores de la ciudad, además de asesorar o atender las necesidades de otros muchos, que también llegarán a trabajar procedentes de otras ciudades de España.

Área de Conservación Urbana, Reciclaje y Limpieza

Toda la red viaria y el conjunto de elementos urbanos que integran cualquier ciudad deben ser considerados, por sus habitantes y visitantes, como una prolongación o ampliación de sus hogares, donde confluyen en diferentes zonas para hacer uso o beneficiarse de los múltiples servicios e instalaciones que la ciudad pone a su disposición. Por consiguiente, la atención que damos a nuestra vivienda debe extenderse a todos los rincones de nuestra ciudad y, así, mantener en perfecto estado toda su red viaria, edificios, jardines, parques, arbolado, limpieza y reciclaje de deshechos. Para conseguir estos objetivos, Fernando y su grupo de especialistas en diferentes materias proponen e incluyen en su programa marco o base de actuación municipal lo siguiente:

a) Creación de tres brigadas municipales, formadas por profesionales especializados en las correspondientes materias y dotadas de todos los medios mecánicos necesarios para realizar sus funciones con pleno rendimiento y calidad. Estas brigadas serán: 1. Brigada de conservación de aceras, calzadas y pavimentos en general. 2. Brigada de conservación de parques, jardines, parterres y demás zonas ajardinadas. 3. Brigada especializada en limpieza de excrementos de mascotas y deshechos especiales.

b) Creación de un equipo municipal perfectamente equipado, encargado de la conservación y mantenimiento de todo el patrimonio de la ciudad.

c) Creación de un equipo municipal de profesionales especializados en la poda y buena conservación de los árboles
de la ciudad, capaces de dar a la copa de estos la forma
fijada en los respectivos proyectos, para formar calles con
túneles verdes que las decoren y las cubran de sombra
en los días agotadores de fuerte calor.

El grupo redactor del boceto para desarrollar el programa
marco o esencial de las futuras y necesarias actuaciones municipales para transformar la ciudad actual se siente muy satisfecho
por haber visualizado, con la ayuda de Fernando y la colaboración de muchos ciudadanos a nivel particular o a través de sus
distintas asociaciones, las graves y múltiples carencias, en casi
todos los órdenes, que padece su ciudad y las soluciones o actuaciones municipales necesarias que darán origen a una completa
transformación de la misma, aproximadamente, en un tiempo no
superior a diez años. Conviene recordar que el grupo vocacional
de servidores públicos, responsable del trabajo descrito o relacionado hasta ahora, está integrado por profesionales de distintas
especialidades, predominando las de la rama técnica, seguida de las
ciencias económicas, del derecho y de asuntos sociales. Tres de los
componentes alternan su trabajo profesional con las obligaciones
correspondientes al cargo de concejal. Aunque como el partido
político al que pertenecen Fernando y sus dos compañeros no
tiene responsabilidades de gobierno, la dedicación como concejales queda sumamente limitada. El resto de integrantes del grupo,
como ya se ha indicado, desarrollan su actividad profesional en
el campo de la empresa privada.

Fernando y sus dos compañeros de partido político, también concejales, han reunido a todos los integrantes del grupo de trabajo para comunicarles que a partir de ahora se darán de baja en el partido y se integrarán en el grupo de concejales no adscritos, por respeto a los ciudadanos que los han votado y para estar a su servicio durante todo el mandato. Han tomado esta decisión por consideración al resto de compañeros del grupo de trabajo que no militan en ningún partido político y, por consiguiente, no pueden consentir que el desarrollo del programa marco o principal de las futuras actuaciones municipales, que requiere mucho esfuerzo y sacrificio por parte de todos, quede capitalizado por una determinada ideología política. Ellos tienen muy claro que su esfuerzo y sacrificio lo hacen para intentar mejorar y modernizar su ciudad, y por esta razón, adoptarán el siguiente lema: TODO POR NUESTRA CIUDAD. El cual presidirá en un destacado cartel la sala dedicada a la referida exposición. Se entiende que la expresión «nuestra ciudad» quedará sustituida por el nombre de la ciudad a la que he preferido no identificar. Además, tanto Fernando como el resto de compañeros, consideran que los actuales partidos políticos, así como muchas religiones y otras instituciones, deberían desaparecer de la vida pública y refugiarse para siempre en las bibliotecas, con el objeto de que los ciudadanos puedan estudiar y reflexionar sobre la inutilidad de las mismas, ya que la mayoría no defienden la consecución del bienestar de la sociedad y, además, fomentan la corrupción.

Fernando y su grupo de colaboradores se han marcado dos objetivos durante los tres o cuatro años que faltan para que se celebren las próximas elecciones municipales. Primero: empezar a desarrollar el boceto del programa marco o base de las futuras actuaciones municipales que proponen, dándolo a conocer al máximo de ciudadanos y asociaciones cívicas o sociales, desplazándose a las diferentes sedes y, al mismo tiempo, dedicar la mejor sala del local de trabajo alquilado y pagado entre todos, para ir montando una exposición con los trabajo que vayan realizando, de forma que cualquier persona interesada en una determinada actuación municipal pueda ver el proyecto completo, acompañado de dibujos o montajes fotográficos y, también, de las maquetas correspondientes para que sea entendido o visionado fácilmente por cualquier vecino afectado. El segundo objetivo consiste en terminar en un año todos los trabajos que integran el citado programa marco, de forma que puedan quedar expuestos en una gran exposición de futuras actuaciones municipales. A partir de esa fecha y, hasta la celebración de las próximas elecciones municipales, los integrantes del grupo redactor atenderán y explicarán detalladamente, por lo menos, una vez a la semana, a todas las personas interesadas en las soluciones adoptadas. Y, además, continuarán recibiendo aportaciones o sugerencias que puedan mejorar dichas soluciones.

El abnegado grupo de trabajo capitaneado por Fernando tiene por delante un trabajo apasionante, no solo de ejecución técnica, sino de relaciones públicas o sociales, poniendo en marcha todos los medios de comunicación adecuados, para que cuando llegue el día de las elecciones municipales, los integrantes del citado grupo redactor sean tan conocidos por sus paisanos, que no necesiten ni carteles publicitarios. Así que, por ahora, dejamos trabajar al extraordinario grupo de voluntarios y, ya volveremos pasados unos cuantos años.

Después de veinte años y por decisión del grupo de gobierno con su Excelentísimo alcalde al frente, he recibido una invitación para pasar una semana en una ciudad que, en la actualidad, está entre las primeras de España por su singular urbanismo, por sus extraordinarias redes viarias, por sus inmejorables servicios públicos, por su gran seguridad ciudadana y, especialmente, porque han sabido adosar y construir una singular zona urbana o residencial que denominan Paradisus o Ciudad de las personas de la tercera edad. Me estoy refiriendo a la gran ciudad que Fernando y su abnegado grupo de colaboradores crearon con la inestimable ayuda de todos los habitantes, instituciones nacionales e internacionales, sin olvidar el capital privado. He tenido la suerte de poder hablar cada día con el alcalde y su grupo de concejales, artífices y entusiastas creadores de la nueva ciudad, los cuales me acompañan y explican con mucha vehemencia y satisfacción todos los trabajos realizados, aparte de sus nuevos proyectos. Ya hace dieciséis años que Fernando es alcalde y sus colaboradores, concejales responsables de las diferentes áreas que contempla el organigrama funcional municipal. Me hubiera gustado transcribir, a través de entrevistas realizadas a cada uno de los artífices de la nueva ciudad, cómo han sido estos veinte años de arduos pero satisfactorios trabajos, hasta conseguir tan excelentes resultados. Pero hemos llegado al acuerdo de que sea yo el encargado de hacer un completo y simplificado resumen, teniendo en cuenta todo lo que me han explicado, sin olvidarme de los vecinos, que, como siempre, aportan una excelente información de todo lo que ocurre en la ciudad, empezando por sus barrios.

Me han contado que cuando se convocaron las elecciones municipales, Fernando y sus colaboradores eran conocidos por pequeños y mayores en cualquier rincón de los diferentes barrios de la ciudad. Fueron tres años intensos de trabajo, especialmente, el primero, ya que se propusieron montar la exposición con todos los trabajos previstos en el programa marco o primordial de las actuaciones municipales necesarias para transformar la ciudad. La exposición, a medida que fue creciendo con las sucesivas presentaciones de las actuaciones convertidas en proyectos ejecutivos, con sus maquetas y montajes fotográficos, fue despertando un gran interés vecinal en querer visitarla, especialmente, por los vecinos más afectados. Aunque, a medida que la exposición de trabajos aumentaba, el interés por conocer la soluciones de las actuaciones en las que muchos habían participado se hacía más extensiva, no solo a nivel privado, sino por diferentes instituciones, de forma tal, que fue necesario acreditar y limitar el número de visitantes cada final de semana o días fijados para que pudieran ser bien atendidos por parte de dos o tres responsables del referido programa marco. Los integrantes del equipo redactor del citado programa se dividieron en cuatro o cinco grupos de trabajo de información para turnarse y atender a los visitantes de la exposición, que, a veces, requerían cantidad de aclaraciones, a pesar de haber tenido puntualmente, cada mes y a través de sus asociaciones, una gran información literal y gráfica. Pero los creadores de los trabajos expuestos estaban encantados de explicar detalladamente el contenido de sus proyectos y, sobre todo, de anotar en un bloc todas las anomalías o sugerencias de los vecinos más afectados, para tenerlas en cuenta en la fase de rectificaciones o posibles modificaciones. El interés por visitar la exposición, que Fernando y su grupo de colaboradores habían montado, fue tan extraordinario en el segundo año que empezaron a crearse problemas viales, e incluso vecinales, por la gran cantidad de gente que quería visitarla. El problema se fue multiplicando y, al final, intervino el ayuntamiento, ofreciendo una sala dedicada a exposiciones de un edificio municipal.

La referida exposición, en su nueva ubicación, consiguió un mayor realce, no solo por la distribución de los trabajos en un mayor espacio, sino por la gran facilidad de acceso a la misma por parte de muchas personas interesadas en saber cómo sería la nueva ciudad. Al ser instalada en un lugar público, la citada exposición se podía visitar cada día sin ninguna clase de restricciones, con la excepción de que aquellas personas que quisieran una información puntual tenían que esperar al día fijado por los grupos de redactores del referido programa marco de actuaciones municipales. Cuando había muchas personas interesadas en distintas cuestiones de las soluciones adoptadas, los integrantes del grupo redactor procuraban acudir todos los que podían. Fernando lo hacía casi siempre, para atender mejor a los ciudadanos interesados, al mismo tiempo que se daban a conocer y se familiarizaban en el trato. Esta actividad informativa se fue intensificando, de forma que cuando aún faltaba un año para las elecciones municipales, eran muchos los ciudadanos, incluidas asociaciones y entidades civiles, que querían que empezara lo antes posible la transformación de la ciudad con un nuevo equipo de gobierno, que, sin duda, tenía que estar presidido por Fernando como alcalde y su equipo de abnegados colaboradores como concejales.

Por fin, llegó la campaña electoral de las elecciones municipales y, para Fernando y su grupo, fue muy diferente al resto de aspirantes al gobierno municipal, porque ellos ya llevaban casi cuatro años explicando a los ciudadanos el modelo de ciudad que querían, avalado con los correspondientes proyectos de las diferentes actuaciones municipales a realizar. Hacía tiempo que eran muy conocidos, así que durante la campaña electoral continuaron haciendo sus sesiones informativas y solo repartían en forma de postal una fotografía de cada integrante del grupo, con unos textos sobre impresos que indicaban que se trataba de elecciones municipales, la denominación del grupo redactor, el eslogan, por cierto, muy familiarizado y el nombre del candidato que aparecía en la fotografía.

Como casi todos los ciudadanos esperaban, cuando finalizaron las diferentes actuaciones oficiales del día de las elecciones, Fernando y su grupo de colaboradores obtuvieron la mayoría absoluta de todos los votos emitidos, quedando los partidos políticos tradicionales y demás grupos de candidatos sectarios prácticamente eliminados al alcanzar solo algunos votos de amigos o familiares, con la excepción de los cabezas de listas de los partidos de derechas y de izquierda, acompañados de algún felón separatista.

Como la actividad municipal desarrollada durante los cuatro años siguientes se realizó siguiendo el contenido del referido programa marco o principal, y mejorado al máximo en todo lo relacionado con la atención a los ciudadanos, en las siguientes elecciones municipales desaparecieron los partidos políticos clásicos y los grupos sectarios de zánganos arribistas o vividores. Y así se repitió en las sucesivas convocatorias electorales, porque las nuevas generaciones fueron formadas en la verdad, desterrando los odios y rencores y explicándoles con honradez cuál era el verdadero historial de aquellas ideologías políticas y sindicales de raíces totalitarias que tanto predican defender a los trabajadores y solo eran sucursales mercenarias al servicio del globalismo esclavista.

Cuando Fernando y sus concejales iniciaron el cuarto mandato, el programa marco o base de actuaciones municipales que habían propuesto cuando se presentaron a las primeras elecciones municipales, prácticamente, lo habían llevado a la práctica en su totalidad, por lo que la ciudad había sufrido tal transformación que parecía haber perdido hasta sus raíces; sencillamente, se había convertido en una singular y extraordinaria urbe, donde todos sus habitantes, mayores, pequeños y extranjeros, convivían en gran armonía social. Los actuales habitantes no conocían lo que era el paro, ni mucho menos la emigración en busca de trabajo a otras partes de España, sino todo lo contrario, habían llegado muchas personas de otros pueblos y ciudades a trabajar en la gran ciudad. Aparte de su único y ejemplar urbanismo, la gran ciudad sentía un especial orgullo de la pequeña ciudad residencial, Paradisus o Ciudad de los mayores, por la gran aceptación que había tenido por parte de los afectados, familiares y ciudadanos en general, al considerarla un oasis de actividad voluntaria, paz, seguridad, solidaridad y libertad. El parque temático de la Historia de España es otra de las creaciones ejemplares, muy querida por los ciudadanos y visitantes de la gran ciudad. También se ha convertido en visita obligada y reiterada por todos los estudiantes de Educación Secundaria, gracias a la desaparición de las aulas de muchos profesores, que más que enseñantes honrados, parecían mercenarios o comisarios políticos al servicio de ideologías comunistas, totalitarias, sectarias o destructivas de nuestra extraordinaria herencia que se llama España.

Al final de mis cortas vacaciones en la gran ciudad y, a punto de que Fernando y sus fieles amigos inicien un sexto mandato, he observado que hay muchos jóvenes preparados profesionalmente e interesados por el servicio público, y enamorados de su ciudad, trabajando de forma altruista en el estudio-taller de Fernando y sus amigos, que se ha convertido en un centro encargado de transformar en bocetos, proyectos, maquetas o montajes fotográficos muchas propuestas del equipo de gobierno o sugerencias de los vecinos interesados y, también, de muchas asociaciones. Esta forma de hacer participar a los vecinos en la solución de los diferentes problemas ciudadanos, da origen a unos resultados extraordinarios cuando se solicita la colaboración o aprobación de los mismos. El equipo actual de gobierno municipal cree que cuando completen veinticuatros años rigiendo los destinos de su ciudad será hora de empezar el traspaso de funciones a otras generaciones; por esto, animan a todos los jóvenes y, en especial, a los integrantes actuales del citado estudio-taller para que en los cuatro años que tienen por delante hasta las próximas elecciones municipales, se den a conocer a los ciudadanos, no solo a nivel físico, sino demostrando su capacidad de trabajo y su vocación de servicio público, para que estos puedan elegirlos como integrantes del gobierno municipal. El nefasto sistema de partidos políticos imperante en la ciudad hace unas décadas ha desaparecido por completo, debido a que los ciudadanos, gracias a su mayor formación intelectual, han dejado de ser rebaño para convertirse en personas que piensan, reflexionan y toman decisiones como seres racionales y libres, es decir, buscan el compromiso personal de los diferentes candidatos, avalados por su honradez, por su patriotismo, por su formación intelectual y profesional, y por los proyectos concretos que proponen como futuros gestores del gobierno municipal de la ciudad. Este logro de la desaparición de los partidos políticos tradicionales y de otros a nivel local debería extenderse también a nivel nacional, usando métodos similares, impulsados por nuevas instituciones del Estado, encargadas de promover para la función política o pública solo a ciudadanos patriotas y con demostrada valía personal y profesional, para poder convertirse en servidores públicos.

Antes de abandonar la singular ciudad, he felicitado a Fernando y a todo el equipo de gobierno por el gran trabajo realizado, no solo a nivel urbanístico, sino en todo el conjunto de acciones que han dado lugar a la gran transformación de la ciudad. Le he prometido que volveré, porque me han entusiasmado otros muchos proyectos que tienen en ciernes y, además, tengo especial interés en saber cómo se producirá el cambio generacional en el gobierno municipal y cómo son tratados en sus retiros los abnegados héroes, creadores de una ciudad singular y ejemplar en todos los ámbitos.

A veces, el tiempo pasa más deprisa de lo que nosotros queremos, pero, desgraciadamente, el diabólico personaje que lo controla parece ser que disfruta con sus consecuencias. En mi caso, puedo decir que hoy, después de otros veinte años, he querido volver a visitar la gran ciudad creada por un abnegado y honrado grupo de ciudadanos, que un día, hace ahora cuarenta años, decidieron servir a su ciudad y también a sus paisanos. Sinceramente, pasear por las avenidas, calles, plazas y parques de la nueva ciudad es una gran satisfacción y produce un extraordinario placer. Especial sensación se percibe al visitar, muy restringidamente, la pequeña ciudad residencial Paradisus o Ciudad de los mayores, donde sus casas, su urbanismo, arboleda, jardines, calles, plazas, fuentes, talleres, huertos y granjas imprimen al conjunto urbano un ambiente paradisiaco, donde sus moradores se sienten libres y encantados.

He sido invitado a reuniones en distintas asociaciones para escuchar y conversar con muchos vecinos, aparte de todos aquellos de los diferentes rincones de la ciudad que también han querido hablar conmigo y tengo el justo deber de afirmar que todos se sienten plenamente satisfechos y muy orgullosos de su ciudad. En las diferentes asociaciones de vecinos se han puesto en marcha ideas avaladas con recogidas de firmas, para solicitar al futuro gobierno municipal, que prácticamente quedará renovado casi al completo, para que dedique avenidas, calles o plazas a todos los integrantes del equipo liderado por Fernando. Por cierto, antes de marcharme he sido recibido por el gobierno municipal en pleno, donde el alcalde Fernando y sus concejales me han manifestado que trabajar mucho y honradamente por el bien de los demás es la más sublime acción que cualquier ciudadano puede hacer para sentirse realizado como un ser humano libre y solidario.

Debo manifestar que en las últimas elecciones municipales y, después de cuarenta y cuatro años, todos los concejales, incluido el alcalde Fernando, optaron por su merecido descanso y no se presentaron a los citados comicios, aunque hubieran seguido ganando, porque el reconocimiento de pequeños y mayores era indiscutible. Afortunadamente, las nuevas generaciones no fueron educadas en el rencor y en el odio, sino en el respeto y consideración a los mayores y a su obra, a la libertad y a la solidaridad; de ahí, que los habitantes de la nueva ciudad fuesen personas muy agradecidas al esfuerzo y sacrificio de sus mayores, dando lugar a una ciudad, cuya masa social proyectaba sabiduría, solidaridad, educación y armonía.

Por último, he podido comprobar que la gran avenida de circunvalación de la ciudad está dedicada a recordar el nombre completo de Fernando, también tiene este nombre la plaza principal de Paradisus o Ciudad de los mayores, con estatua incluida, igual que en la citada avenida, mientras que los nombres de todos los integrantes del grupo de trabajo inicial, convertidos más tarde en concejales por decisión popular en las elecciones municipales, dan su nombre y relieve con placas o estatuas a otras tantas calles de la nueva ciudad que crearon entre todos.

JUAN, EL SACERDOTE

Recordemos que Juan es el hijo pequeño de Quico y Ángeles, tiene en la actualidad treinta años, es sacerdote y párroco de una histórica iglesia de un bonito pueblo de la costa mediterránea española. Es doctor en Teología, licenciado en Derecho y, aparte de español, habla latín, inglés y francés. Venera a toda su familia, especialmente, a sus padres, abuelos y hermano.

Hoy, en su corta vida sacerdotal, quiere recordar tres aconteci-mientos inolvidables, como son: primero, su ordenación sacerdotal por el obispo de la diócesis donde estudió y vivió hasta ese feliz día; gegundo, la celebración de su primera y solemne misa, como misacantano en la iglesia de su pueblo, acompañado de toda su familia, amigos, compañeros y casi por todos sus paisanos; y ter-cero, el doloroso alejamiento de su pueblo, familiares y amigos, especialmente, de su madre, cuando después de casi dos años de haber celebrado su primera misa, fue nombrado párroco por el obispo de la diócesis de un conocido y singular pueblo turístico, con una iglesia parroquial de extraordinario valor arquitectónico, ubicada en un promontorio desde el que se puede contemplar la belleza e inmensidad de una parte de nuestro mar Mediterráneo o Mare Nostrum.

Su ordenación sacerdotal la recuerda así:

Era un caluroso día de finales del mes de junio, cuando a las diez de la mañana empezó en la histórica y pequeña catedral de la capital un acto muy solemne presidido por el obispo de la diócesis, donde diez seminaristas se iban a someter durante casi tres horas a los correspondientes rituales de la Iglesia católica para ser ordenados sacerdotes y así cumplir la gran promesa de servir a las personas, en general, en nombre de Cristo. Juan y sus compañeros, después de varios años en el seminario sometidos a mucha disciplina y sacrificio, veían su sueño o vocación convertida en realidad. Ese día inolvidable y tan especial para ellos, también lo fue para todos los familiares, compañeros y amigos que los acompañaron, así como para el obispo y demás sacerdotes oficiantes, sin olvidar a todos los fieles que quisieron acompañar a los grandes protagonistas o nuevos sacerdotes. De los muchos recuerdos de ese maravilloso día, nunca olvidará la despedida de todos los asistentes a los nuevos sacerdotes o beneficiaros del sacramento de la ordenación sacerdotal, porque Juan y su madre, arrodillada ante él, se fundieron en un fuerte y prolongado abrazo, que hizo llorar a más de un asistente. Algo parecido ocurrió con su padre, abuelos y hermano.

De su primera misa como misacantano recuerda que estuvo dudando durante varios días si la celebraba en una ermita alejada de la civilización y solo acompañado de los familiares más directos en estricta intimidad o al contrario, la oficiaba en la iglesia de su pueblo, donde antes de aprender a andar ya lo llevaban sus padres o abuelos para asistir a distintos actos religiosos o, simplemente, a visitar los distintos altares con sus vírgenes y santos. Se decidió por esta última opción, porque al final comprendió que su familia, sus vecinos y todos los feligreses del pueblo se merecían eso y mucho más, ya que estaba sumamente agradecido por el cariño y respeto que siempre le habían manifestado. Tomada esta decisión y en colaboración con casi todas las personas que tenían que participar y asistir a tan solemne celebración, empezaron a preparar los diferentes actos, incluida la decoración de la iglesia, para que todo lo que debía ocurrir ese día, exhibido con cierta pompa y solemnidad, tuviera un especial impacto social y, además, se convirtiera en un acontecimiento muy recordado por todos los asistentes. De la propia conmemoración de su primera misa jamás olvidará la gran emoción que sufrió unos minutos antes de salir hacia el altar mayor, acompañado de varios sacerdotes, presbíteros, diáconos, capellanes y monaguillos, donde lo esperaba una iglesia abarrotada de fieles, con sus padres, familiares y amigos, ocupando las primeras filas, y un aroma de incienso que inundaba todo el interior del templo, sin olvidar la escolanía con su música e impactantes cantos gregorianos. La celebración transcurrió de acuerdo con los ritos previstos por la Iglesia católica, apostólica y romana, pero Juan, en algunos momentos durante la celebración y a pesar de estar poseído por una singular emoción, reflexionó sobre la gran satisfacción que sentía al haber logrado incluir en su vida un día tan feliz e imborrable en su destino de servicio al prójimo. Recordó a sus profesores, a sus padres y demás bien-hechores sociales y espirituales. Y, por supuesto, pidió al Señor, su Dios, que lo dotara del don de la palabra para poder hacer el bien, persuadiendo mejor a las almas de los hijos de Dios. Y tampoco olvida la despedida como finalización de su primera misa, aunque le recordó mucho la celebrada el día de su ordenación sacerdotal. Después de la referida celebración, Juan se pasó casi dos años en la iglesia parroquial de su pueblo, como presbítero o cooperador del párroco del que tanto aprendió, además de recibir un trato y un cariño especial, por conocerlo desde niño y por haber colaborado muchas veces como monaguillo en la celebración de la santa misa.

De su nombramiento como párroco, recuerda:

Era un gélido día de invierno cuando le comunicaron la noticia que anhelaba hacía tiempo, aunque su ser más íntimo o afectivo no la deseaba, porque eso significaba separarse de sus padres, abuelos y amigos en general. Pero el obispo de su diócesis, informado detalladamente por el párroco que tanto quería y admiraba a Juan y también por otros sacerdotes y relevantes feligreses que conocían muy bien la labor pastoral llevada a cabo por el joven sacerdote, no dudó en nombrarlo párroco del citado pueblo turístico mediterráneo. Su nueva parroquia está ubicada en un pueblo que está separado del suyo unos doscientos cincuenta kilómetros, circunstancia que lo aleja irremediablemente de su entorno familiar y social. En su nuevo pueblo y como párroco, Juan, en representación del obispo diocesano y auxiliado por un capellán y monaguillos, ejercerá el ministerio de Cristo o pastor de almas, enseñando, rigiendo y santificando las acciones del rebaño de los fieles en su transitar por el buen camino de la salvación eterna.

Juan ya ha alcanzado la edad de Cristo cuando fue crucificado, lleva más de cinco años ejerciendo como párroco en su nuevo, querido e inolvidable pueblo y, aunque se pasaría toda su vida paseando por sus calles, plazas y pasajes, escuchando y predicando a sus gentes, que muchos son los feligreses de su parroquia que acuden cada domingo o siempre que son llamados a celebrar diferentes actos eclesiásticos, el joven párroco solicitó hace varios meses a su obispo ser enviado como sacerdote o misionero a algún lugar de un país sudamericano, donde sus gentes necesiten ser evangelizadas y ayudadas a vivir como seres humanos, solidarios y civilizados. En definitiva, Juan desea seguir cumpliendo en algún país americano el mandato que dio Jesús de Nazaret a sus discípulos, cuando les dijo, según el Evangelio de San Mateo: «Id, pues, y haced discípulos a todas las gentes, bautizándolas en el nombre del Padre y del Hijo y del Espíritu Santo, y enseñándoles a guardar todo lo que yo os he mandado». O también, lo afirmado en el Evangelio De San Marco: «Id por todo el mundo y predicar el evangelio a toda criatura».

Juan, a pesar de que vive en un pueblo de unos treinta mil habitantes, sin tener en cuenta los meses de verano cuya población supera los cien mil, siempre ha intentado estar al lado de todos los feligreses que lo han necesitado, no solo por necesidades de subsistencia, sino por problemas exclusivamente personales, de relaciones familiares, sociales o profesionales. Esta incansable actividad pastoral, practicada durante el día y parte de la noche, durante todos los días de once meses al año, durante más de cinco años y, además, toda la información y enseñanzas recibidas bajo secreto de confesión, han hecho del joven párroco la persona que más sabe de la vida de todos los ciudadanos del pueblo y de algunos forasteros, donde, aparentemente, todos viven en gran armonía, si solo atendemos los comportamientos externos en sus diversas relaciones laborales y sociales; porque conocer su conducta íntima, con la consiguiente influencia anímica, puede originar un trastorno mental al comprobar la multiplicidad de acciones que puede realizar el ser humano en su hábito social para saciar sus infinitas ambiciones o necesidades personales, no solo a nivel de conservación vital o alimentación del ego, sino biológicas o sexuales, sin importarle mucho las consecuencias o los graves daños que puedan causar sus innumerables felonías o infidelidades a sus familiares o a la sociedad en general.

El joven párroco se encuentra muy contento y satisfecho por la gran labor espiritual y social que ha realizado y continúa haciendo, pero se ha dado cuenta de que hay comportamientos humanos que son innatos a las pautas biológicas del salvaje animal que todos llevamos dentro. El grado indómito de cada persona variará según su propia naturaleza, aunque influirá en su nivel de domesticación la influencia familiar, la intensidad de la disciplina y el sacrificio en su formación intelectual y profesional, la influencia de su religión, el mayor o menor esfuerzo a realizar para poder vivir, las presiones sociales y, por descontado, el miedo a las leyes imperantes en la sociedad que lo acoge, protege y defiende. Pero, aparte de todo esto, el párroco comprende que dominar la conducta innata e inconsciente que se transmite genéticamente entre los animales racionales o irracionales, como es el instinto o el impulso natural interior que provoca una acción o un sentimiento sin que se tenga conciencia de la razón a la que obedece, es muy difícil de controlar en la especie humana y, menos aún, en los seres irracionales domesticados. Por esta conclusión, últimamente, nuestro párroco ya no se escandaliza ni manda grandes penitencias en el sacramento de la confesión o del perdón cuando la mayoría de sus feligreses, jóvenes, adultos, casados, bisexuales o transexuales se confiesan buscando el perdón por haber copulado o fornicado como verdaderos animales con parejas casuales, parientes o amigos, por ser infieles a sus esposas o maridos, por participar en orgías para romper la monotonía del apareamiento continuado de la misma pareja e imitar a muchas especies de animales y, sobre todo, porque sienten necesidades afectivas y biológicas incontroladas, quizás, por carencias diarias en sus relaciones, más o menos consolidadas, de pareja, cuyas consecuencias o insatisfacciones podrían ser las causantes de graves trastornos mentales. Es cierto que no todas las personas tienen necesidad de mantener relaciones sexuales cada día, pero se puede afirmar que en periodos de edad muy concretos, como pueden ser de veinte a cincuenta años, esa necesidad es diaria y si se duplica, mucho mejor, salvo excepciones concretas. Estas vivencias o enseñanzas de la gran universidad de la vida, el padre Juan, como le llaman todos sus feligreses y también los extraños, las transforma y transmite sutilmente de forma muy didáctica a todas las personas que se interesan por cómo lograr unas buenas relaciones humanas que den lugar a una convivencia armónica. Especial dedicación merecen todas las que quieren contraer matrimonio o formar pareja de conveniencia o de hecho, porque ningún contrayente o aspirante puede creer que adquieren en exclusividad un hombre o una mujer como si se tratara de un robot humanoide o un juguete sexual.

El padre Juan, cada vez que cierra los ojos y piensa en la convivencia de los feligreses de su parroquia y en otros muchos, comprende y ve con total claridad que una inmensa mayoría de los ciudadanos o personas integrantes de su civilizada ciudad tienen múltiples comportamientos cínicos que se retroalimentan y que, dado el grado de ateísmo e hipocresía imperante en la que llaman «sociedad progresista», resulta muy difícil de cambiar con buenas enseñanzas o sermones, especialmente, a aquellos adultos que han cincelado en sus pétreos cerebros unos cuántos principios o ideas con las que tratan de vivir alegremente, sin reflexionar sobre las graves consecuencias que se derivan de muchos de sus fingidos actos y que, tarde o temprano, sufrirán. Aunque comprende que la raíz de la sociedad libertina e hipócrita, que se ha apoderado de lo que llama «la sociedad progresista», empieza a germinar en el seno de la mayoría de las nuevas familias, en los colegios, como consecuencia de las nefastas y sectarias leyes de educación y, esencialmente, por culpa de casi todos los medios de comunicación, encargados de modelar o manipular el comportamiento de unas gentes irresponsables o muy ignorantes. Al párroco no solo le quita el sueño la maldad y la deriva hacia un abismo social de la moderna sociedad en general, sino el egoísmo, la insolidaridad, la soberbia y la estupidez de los individuos, creando una sociedad injusta y desigual que, forzosamente, los terminará devorando al romperse el equilibrio existente en el mantenimiento de una artificiosa e injusta convivencia social.

Por todas las conclusiones expuestas y algunas más, al padre Juan le hubiera gustado pasar el resto de su vida en su nuevo pueblo de adopción, rodeado de unos feligreses que no son peores ni mejores que el resto de españoles, sino unos más de los que está moldeando la irresponsable, injusta e insolidaria sociedad, llamada, hipócritamente, «progresista». Pero hace tiempo que decidió marchar para hacer su apostolado en una sociedad menos manipulada o de cultura más receptiva, ya que en su ciudad o en el resto de España se está actuando de forma muy poderosa con casi todos los medios de comunicación, con el adoctrinamiento en la enseñanza y otras muchas actuaciones al alcance del poder, para que sus gentes caminen en la dirección marcada por unas ideologías comunistas, totalitarias, felonas y unos pocos poderes fácticos con grandes ansias de apoderarse de los destinos de los seres humanos.

El padre Juan ya ha comunicado a sus feligreses su marcha inminente a Roma, después de haber recibido del obispo de su diócesis la aprobación de su nuevo destino en un país hermano sudamericano, pero antes tiene que pasar varios meses en el Vaticano, donde recibirá toda la información y asesoramiento necesario para cumplir con su apostolado en el nuevo continente de acuerdo con los designios de Dios.

Por fin y después de más de doce horas de viaje en avión desde España hasta llegar a una bonita capital sudamericana fundada por los españoles en el año 1535, y después de un recorrido de más de dos horas en autocar por un tramo de la carretera central y un desvío por una tortuosa y peligrosa carretera local, el sacerdote Juan llega a su nuevo pueblo de adopción, cuyo nombre corresponde a uno de los cuatro apóstoles evangelistas. No tiene más de seis mil habitantes y está ubicado entre extraordinarias montañas a una altitud superior a tres mil metros. Sus pobladores tienen como idioma el español, aunque muchos también hablan el quechua y para vivir se dedican, mayoritariamente, a la agricultura y la ganadería, sin olvidar el comercio y el turismo, que cada día adquiere mayor importancia. Desde hace unos quinientos años, la religión que mayoritariamente se practica es la católica, apostólica y romana, que, como se sabe, fue impuesta por los conquistadores españoles a todos los indígenas, aparte de eliminar muchas de las estatuas, oratorios y templos dedicados a sus dioses. En la actualidad, más del cincuenta por ciento de la población o nuevos feligreses del padre Juan pertenecen a la raza de sus antepasados imperiales e indios, más de un treinta por ciento son mestizos, o sea, el resultado de la mezcla de indios con españoles, y un mínimo porcentaje lo constituye la raza blanca con perspectivas de disminución muy aceleradas. Cuando se visitan todos los territorios americanos conquistados por los españoles y se entra en contacto con sus pobladores, uno se da cuenta de la detestable e ignominiosa leyenda negra sobre el genocidio cometido en la conquista de América por los españoles, que, inexplicablemente, es admitida por españoles, indignos de ser considerados como tales, por felones y traidores.

El padre Juan ha sido nombrado párroco por el obispo de la diócesis correspondiente, con el encargo especial de comportarse con mucha humildad y tratar de vivir como los lugareños para ganar su confianza e integrarse plenamente en esa nueva comunidad, colaborando en todos los ámbitos sociales, con el objetivo de hacer llegar las enseñanzas de Jesucristo al rincón más apartado de la misma, independientemente de que algunas minorías tengan diferentes creencias religiosas relacionadas con el protestantismo, el judaísmo o algunos ritos u ofrendas a sus antiguos dioses, heredados de sus antepasados. La iglesia parroquial es de la época colonial y, a pesar de no ser comparable con la que el padre Juan administró por primera vez, hay que reconocer su histórica y pétrea construcción, su singular belleza arquitectónica y, cómo no, su altar mayor presidido por una imagen del apóstol y evangelista san Mateo, al que todos los lugareños veneran con gran devoción.

El nuevo párroco del histórico pueblo perdido entre bellas montañas, muy cercano a la capital del Estado y, al mismo tiempo, muy alejado en tiempo, por culpa de sus escasas y difíciles vías de acceso, se siente muy contento de estar en un pueblo singular y rural del antiguo imperio, porque, aunque acaba de llegar, tiene la sensación de haber arribado hace mucho tiempo. Solo necesita que pasen los días para conocer muy bien a todos sus habitantes, incluidos, sus anhelos, sin olvidarse de sus relaciones íntimas, que son las que en la mayoría de los casos condicionan la convivencia armónica de las diferentes comunidades sociales. Para ayudar y conseguir conocer a todos sus feligreses no escatimará tiempo ni esfuerzo y, por consiguiente, procurará estar en todas partes o circunstancia cuya presencia sea requerida; él solo pedirá a cambio que lo acompañen en la celebración de todos los actos religiosos que organice en la iglesia, especialmente, la santa misa de los domingos, días festivos y demás celebraciones patronales o tradicionales.

Después de haber transcurrido casi dos años de su llegada a la pequeña parroquia del pueblecito escondido entre extraordinarias o bellas montañas, el padre Juan se ha convertido en un experto agricultor, ya que ha acompañado durante muchas jornadas a los campesinos a labrar la tierra, a sembrar cereales o a cultivar las huertas, sin olvidar la plantación de diferentes clases de árboles frutales, incluida, la recogida de sus frutos. Ha dormido muchas noches en las montañas o en los prados, acompañando e interesándose mucho por la vida de los pastores y de la crianza y cuidado de sus rebaños, así como de la venta de los mismos en las ferias de ganado o, directamente, de las cercas a los comerciantes o intermediarios. A pesar de estas prolongadas dedicaciones nunca ha dejado de estar al corriente de todo lo que pasa en el pueblo a nivel de convivencia social y, por supuesto, a través de la administración del sacramento de la confesión o del perdón ha podido conocer la nobleza, la generosidad y, también, las grandes miserias de los seres humanos en sus relaciones íntimas, sexuales, particulares o sociales.

El padre Juan ha comprobado que vive en un pueblo o comunidad integrada por familias patriarcales, fruto del apostolado realizado por la Iglesia católica, apostólica y romana durante casi cinco siglos, aunque puede afirmar que la inmensa mayoría de sus feligreses no ha abandonado las costumbres de sus relaciones familiares e íntimas, heredadas de sus antepasados. Ya que el papel de la inmensa mayoría de las mujeres en la sociedad actual sigue siendo de vital importancia, por ser las encargadas de mantener la casa, criar a los hijos y, además, participar en los trabajos del campo, cuidado del ganado y de la recogida de las cosechas. Aparte de estar voluntariamente sometidas a las reglas del patriarcado por conveniencias éticas, familiares o sociales, al implantarse la religión católica y crearse una nueva organización social, la normalidad y libertad pública de los hombres y mujeres en sus relaciones íntimas cambiaron radicalmente, convirtiéndose en costumbres no permitidas por las leyes de la nueva sociedad. Dichos hábitos o tendencias pasaron a la clandestinidad, convirtiendo la comunidad en una sociedad progre, hipócrita y felona en el ámbito de las relaciones íntimas o sexuales y de muchas más.

El padre Juan ha sabido por los mayores del pueblo, por algunos intelectuales, por antiguos textos de frailes de la conquista española y, especialmente, por todos los elementos cerámicos y de otros materiales expuestos en algunos museos donde se ensalzan los diferentes actos relacionados con las prácticas sexuales, que los antepasados, no muy lejanos de los actuales pobladores del pequeño pueblo perdido entre montañas y bosques, las realizaban con total libertad y siempre motivados por la búsqueda de una vida rebosante de jaranas y placer, dejando en segundo lugar la motivación reproductiva. El sacerdote ha sabido, por ejemplo, que la virginidad no tenía ningún valor ni tampoco la fidelidad a la pareja, ya que tenían hijos con distintas mujeres u hombres, tanto ellos como ellas. A pesar de todo, el padre Juan, en su incansable y singular labor evangélica, trata de convencer a sus feligreses de que las enseñanzas del evangelio y las leyes que rigen la convivencia de la actual sociedad son muy beneficiosas para todos los seres humanos, ya que los aparta de costumbres nocivas del pasado y los dirige a comportamientos más civilizados, evitando actuaciones violentas que casi siempre terminan en tragedia. Aunque es justo puntualizar que en el pequeño pueblo de casi seis mil habitantes no se registran casos de los que en algunas sociedades, que se consideran civilizadas y progresistas, llaman «violencia de género», porque, tanto las mujeres como los hombres, tienen bien asumidos sus respectivos roles en las distintas situaciones familiares que libremente asumen y, además, conocen muy bien las graves consecuencias de traspasarlos o violarlos, igual que les puede pasar en su vida diaria si no respetan las reglas establecidas en los múltiples ámbitos de la sociedad, como puede ocurrir, simplemente, al saltarse un semáforo en rojo. Especial consideración merecen los casos puntuales y detestables cometidos por personas irresponsables o enloquecidas por múltiples circunstancias sobre las que ha de recaer todo el peso de la ley.

El obispo de la diócesis, que tiene una avanzada edad, hace más de un año que inició una relación de gran confianza y amistad con el padre Juan y, como consecuencia de ello, el joven y activo sacerdote ha visitado todos los pueblos o distritos de la diócesis como representante del obispo; de ahí, que no solo conozca a todos los sacerdotes responsables del apostolado de esos lugares, sino también a sus gentes o feligreses, que, por cierto, no se diferencian mucho de los suyos, según las cosas que le han contado los compañeros apostólicos. También ha visitado y participado en muchas conferencias religiosas y políticas celebradas en casi todos los países del centro y sur de América, hechos que le han permitido, en casi tres años, tener un amplio conocimiento de la situación política, económica, social y religiosa de esas naciones o estados hispanoamericanos. Últimamente, el obispo le ha comunicado que quiere proponerlo a las autoridades eclesiásticas correspondientes para que sea nombrado obispo auxiliar de su diócesis. El padre Juan, al recibir la noticia, se ha emocionado a causa de un extraño sentimiento filial y de agradecimiento, que le ha hecho romper la debida formalidad, abrazándose a su obispo y protector, como si de un verdadero y venerado padre se tratara. Después de unos minutos de gran emoción, el padre Juan ha causado al anciano obispo un gran disgusto, ya que uno de los motivos de su visita era para solicitarle el traslado como sacerdote o misionero a un país del norte de África.

Después de una tensa y razonada discusión sobre la gravedad o conveniencia de abandonar la gran labor que estaba realizando el párroco, el obispo, que aparte de un gran afecto sentía una admiración y un reconocimiento extraordinario del apostolado católico y romano que estaba realizando el joven sacerdote, no solo en el ámbito religioso, sino en el político y social, ya que hacía tiempo que observaba o comprobaba con gran preocupación la deriva de muchos sacerdotes de la Iglesia católica al simpatizar con la ideología comunista, disfrazada con mil rostros, para apoderarse mejor de la mente o voluntad de los ingenuos habitantes de la extensa región hispanoamericana. Esos sacerdotes católicos, posiblemente atormentados por las injusticias sociales causantes de las grandes desigualdades que padecían la inmensa mayoría de los habitantes de los pueblos hispanoamericanos, intentaban buscar la solución en la aplicación política de un comunismo, aderezado con un singular cristianismo. Pero el obispo está convencido de que esa no es la solución, porque el comunismo ha demostrado, durante más de un siglo de su existencia, que no trae más libertad ni más igualdad y, menos aún, más justicia social a los ciudadanos, sino todo lo contrario, y ahí tenemos los ejemplos de Rusia, China, Corea del Norte, Cuba, Venezuela, Nicaragua y muchos más países que por culpa de la irresponsabilidad, cobardía, ignorancia o ingenuidad de sus ciudadanos, que se dejaron domesticar o seducir por el gran monstruo comunista y sus cachorros, sin darse cuenta de que sus queridas mascotas, cuando crecen, también se convierten en bestias salvajes que terminan esclavizándolos o devorándolos. Después de estas reflexiones, el obispo seguía pensando que con la marcha del joven párroco, la Iglesia católica e hispanoamericana perdía un gran apóstol, de ahí, que, sin negarle todo lo necesario para que el padre Juan viera convertido en realidad su deseo de ejercer el apostolado de Jesucristo en algún país del norte de África, intentaría demorar su marcha hasta encontrar definitivamente el sustituto del párroco de innegable vocación misionera, aunque, tanto el obispo como el padre Juan, en ese momento ya valoraron la posibilidad de que le sustituyera el padre Francisco, que había sido ordenado sacerdote hacía pocos años y enviado a la parroquia del padre Juan, donde participaba de forma entusiasta y activa con su amigo y párroco.

El padre Juan sabe que ya es cuestión de unos meses para que abandone un continente y unos pueblos integrados por unas extraordinarias personas que no olvidará jamás, porque, a pesar de vivir en sociedades injustas y desiguales, conservan una especial consideración y respeto a sus antepasados y, también, a sus enseñanzas, las cuales les transmiten seguridad y confianza para intentar lograr con esfuerzo y sacrificio individual, familiar o comunitario unos *status* que las convertirán en personas con una buena calidad de vida, comparable a la de las sociedades más respetuosas con los derechos humanos. El sacerdote también quiere reflexionar sobre sus tres años de apostolado en esa parte del mundo con unas costumbres y tradiciones muy diferentes a las del mundo occidental europeo. Recuerda y nunca olvidará los sabios consejos que recibió del obispo de la diócesis a la que pertenecía el encantador pueblecito al que fue enviado como párroco de la única iglesia que había en el lugar. Por eso, el padre Juan, aparte de cumplir escrupulosamente con sus obligaciones como párroco, sacerdote y apóstol de la Iglesia católica, trabajó en los campos de cultivo de cereales como un campesino más, en las huertas y en los corrales con los hortelanos y los pastores, sin olvidar su relación con los comerciantes, con los profesionales cualificados y con las autoridades y, por supuesto, con la mitad o más de las personas integrantes del pueblo o comunidad parroquial, constituido por todas las mujeres, a las que en múltiples ocasiones había aconsejado, tanto en confesión como en charlas informales o en catequesis, haciéndolas comprender que eran tan importantes o más que los hombres, para mantener y hacer progresar la sociedad, pero esto no sería posible si se obcecaban en la igualdad de competencias con los hombres en las uniones maritales o de otra índole que, voluntariamente, formaban. No se trata de defender ninguna desigualdad o injusticia social creando diferencias legales entre el hombre y la mujer, sino de hacer comprender que si algunos integrantes de un determinado género no se respetan a sí mismos, infligiendo la ley natural, difícilmente, pueden lograr el respeto que se merecen. Y si alguien lo duda, que observe y estudie el comportamientos de algunas comunidades del mundo animal. El padre Juan se siente sumamente realizado, porque está convencido de haber practicado un extraordinario apostolado, tanto con los más desheredados de la vida como con los más pudientes. Con los niños y con los mayores, con los más analfabetos y con los más sabios. Y, cómo no, con las mujeres y sus muchos problemas de pareja, sociales, económicos o mentales, al no estar satisfechas con lo que les está dando la vida. El párroco, al conocer la vida íntima de sus feligreses, no solo por la especial relación puesta en práctica en diferentes ámbitos profesionales y sociales, sino por el sacramento de la confesión o de la penitencia, ha podido compararla con la de sus antiguos feligreses españoles y llegar a la conclusión de que los hombres y las mujeres son polígamos por naturaleza y solo la ética y las leyes imperantes de la sociedad, que ellos mismos han creado, los convierten en cínicos camaleones humanos al transformarse, según convenga, en individuos, aparentemente respetuosos con sus respectivos cónyuges, o en depredados animales sexuales cuando se liberan de ciertas ataduras sociales, que, por comodidad o conveniencia, voluntariamente aceptan.

Y, por último, el padre Juan, a sus treinta y seis años de edad y algunos meses más, jamás olvidará la tentación de un encantador demonio con forma de jovencísima, escultural y bellísima mujer, educada en los mejores colegios y universidades del Nuevo Mundo, mezcla de india con algún descendiente de la nobleza española, convertido en un poderoso terrateniente de fuertes convicciones cristianas y católicas, nunca explotador ni negrero, que estaba dispuesto a entregar al sacerdote Juan la dirección y explotación de la inmensa hacienda que poseía si aceptaba colgar los hábitos de sacerdote para casarse con su querida y mimada hija, la cual había confesado a su padre y, por supuesto a Juan, que se encontraba locamente enamorada de aquel hombre con votos de castidad. Es verdad que este hecho fue el más formal y serio que se le presentó al sacerdote, ya que intervino directamente el padre, la madre y algunos otros familiares de la encantadora y rica heredera. Pero no fue posible convencer al joven sacerdote a causa de sus inquebrantables compromisos contraídos como apóstol de las enseñanzas predicadas por Jesucristo. Lo que no pudo vencer el padre Juan durante su estancia en esa comunidad americana tan arraigada a muchos hábitos y costumbres de sus antepasados fue librarse del placer de las relaciones íntimas que varias mujeres solteras y casadas le dieron para satisfacer sus fantasías, inquietudes, sensaciones, deseos incontrolados o, simplemente, por el placer de cambiar de maromo. Es verdad que con ese comportamiento el padre Juan rompió su voto de castidad, pero también es cierto que obedeció los consejos de su obispo cuando le pidió de forma muy vehemente que se comportara con mucha humildad y tratara de vivir como los lugareños para ganar su confianza e integrarse plenamente en su nueva comunidad parroquial. Esto, y mucho más, lo consiguió, pero jamás lo hubiese logrado si hubiera rechazado a las mujeres que quisieron ardientemente copular con él para satisfacer deseos o placeres mediante actos que sus antepasados consideraban normales y, a veces, muy necesarios para lograr una completa convivencia social. Y, por último, el padre Juan piensa que participó en todos los trabajos de la comunidad como un hombre más y, por consiguiente, no quiso ser diferente a los demás: él, con hábitos y los otros, solteros o casados, con compromisos de fidelidad. Desgraciadamente o afortunadamente, aquella comunidad latinoamericana, igual que la que había conocido en España, ocultaba por ética o conveniencia social, unas relaciones íntimas o sexuales practicadas bajo el manto del cinismo o de la hipocresía, porque así lo habían decido sus ciudadanos mediante leyes y enseñanzas.

Solo habían pasado cuatro o cinco meses de la petición que el padre Juan había hecho a su respetado y querido obispo, cuando este le comunicó que ya podía empezar a despedirse de sus feligreses, compañeros y amigos, porque solo le quedaban diez días para poner rumbo a España, donde tenía concedido un mes de vacaciones, para estar con sus padres, abuelos, familiares y amigos, y, sobre todo, visitar muchos pueblos y ciudades de la madre patria a la que tanto amaban los dos. Pasado ese tiempo, viajaría a Roma, donde permanecería ocho o diez meses para recibir la información y enseñanzas correspondientes sobre la nueva misión apostólica que, a petición propia, realizará en un país del norte de África, donde la inmensa mayoría de su población es musulmana, habla árabe, francés y algo de español, y solo una ínfima minoría de antepasados o procedencia extranjera muy sometida a presiones estatales, económicas, sociales o familiares se atreve a practicar la religión católica. El padre Juan no conoce el idioma árabe, por lo que su estancia en Roma se puede alargar más de lo previsto, según sea su asimilación y dominio del nuevo idioma, que ha de aprender antes de sustituir al anciano sacerdote o párroco responsable de la iglesia-catedral de estilo neogótico, con grandes vitrales, rodeada de un gran espacio verde o jardín y construida por los franceses hace casi un siglo. Está ubicada en un céntrico barrio de la capital administrativa y económica del nuevo país, donde intentará realizar un apostolado muy singular a base de hechos, más que palabras, y siempre sometido a una estricta vigilancia estatal para comprobar que no se incita a cometer apostasía.

El sádico monstruo que mantiene el perfecto funcionamiento del reloj del tiempo es una bestia fría y sin sentimientos, ya que ni siquiera permite que esa máquina se pare unos segundos para que muchas personas puedan descontar del total que les corresponde, el tiempo de esos momentos de placer o de felicidad que sienten al estar junto a sus seres queridos o, simplemente, disfrutar de las muchas maravillas de la naturaleza, situadas en cualquier parte de nuestro planeta Tierra. Creo que esto es lo que debe pensar el padre Juan de sus breves vacaciones en España y de su estancia de algo más de un año en Roma, al encontrarse en la actualidad en la capital más grande del nuevo Estado donde ejercerá su especial apostolado.

El padre Juan, que pronto cumplirá cuarenta años, está dedicando sus primeros días a conocer personalmente a los pocos integrantes de una pequeña comunidad católica de padres franciscanos y de dos órdenes de monjas, ubicadas estratégicamente en la gran ciudad de casi seis millones de habitantes, situada junto al océano Atlántico y rodeada en gran parte por extensos suburbios, donde se hacinan en míseras barracas casi tres millones más de personas. De todos esos millones de gentes que luchan por sobrevivir, aproximadamente, un noventa y nueve por ciento practican la religión musulmana y el resto lo completan los practicantes de la religión católica, ortodoxa, evangélica, anglicana y otras. Aparte de que el padre Juan tiene un conocimiento teórico muy completo de cómo se vive en esa inmensa ciudad y de la enorme influencia que la religión musulmana ejerce sobre todas las acciones de la vida de sus practicantes, bien sean, religiosas, profesionales, sociales o políticas, el joven sacerdote quiere conocer a fondo todos los barrios de la ciudad, especialmente, a sus gentes. Aunque, tanto los frailes como las monjas, les advierten que eso será muy difícil, aunque se hagan pasar por unos turistas más de los muchos miles que visitan el exótico o singular país, sin preocuparse de la injusticia social que sufren sus ciudadanos, de sus duras costumbres medievales y, mucho menos, de su religión, que los yerra o marca para toda su vida, ya que si un día, por esos designios de la vida, consideran que no quieren ser farsantes o comediantes practicando enseñanzas religiosas en las que han dejado de creer y, libremente lo manifiestan, se verán sometidos a gravísimas consecuencias familiares, profesionales, sociales legislativas y punitivas.

Al padre Juan, a pesar de toda la información y mandatos que ha recibido en Roma, el responsable religioso de la región a la que ahora pertenece le ha reiterado que su apostolado consistirá en hacer todo el bien que pueda, sin tener en cuenta la raza o la religión de las personas que tengan necesidad de su ayuda y sin pedir nada a cambio o tratar de convencer a algún musulmán de las bondades o bienaventuranzas de la religión católica, ya que eso podría ser considerado por las autoridades religiosas o políticas del país como una incitación para que flaquee o renuncie de su fe, convirtiéndose finalmente a otra religión. Esa acción está gravemente penada, no solo para el que consideran incitador, sino para el musulmán que, finalmente, comete lo que consideran delito de apostasía. Queda claro que el único apostolado que podrá ejercer el joven sacerdote estará dirigido a los feligreses católicos, extranjeros y residentes en la ciudad, así como a todos los católicos que, por una u otra circunstancia, visiten o residan unos días en la gran urbe.

El padre Juan se siente muy apenado y contrariado por la singular situación político-religiosa que impera, no solo en la gran ciudad donde ahora reside, sino en todos los pueblos y ámbitos de la extensa región geográfica y religiosa a la que pertenece, así como en las demás partes del mundo dominadas por la religión musulmana, impuesta al nacer a todos los descendientes de los creyentes musulmanes, sin posibilidad normal de renunciar a la misma a lo largo de sus vidas, como ocurre con las demás religiones, sin infringir ningún artículo del correspondiente Código penal. Pero al padre Juan le consta que, a pesar de poder ser encarcelados y convertirse en unos apestados para la sociedad e, incluso, para sus familias, hay algunos ciudadanos que han tenido la valentía de confesar públicamente que han dejado de ser musulmanes, porque quieren ser cristianos y otros más temerosos por no ser estigmatizados o sentir miedo a todas las graves consecuencias que se pueden derivar, no solo a ellos, sino a su hijos y demás familiares, practican el cristianismo en la clandestinidad. A todos estos ciudadanos valientes, que no quieren ser esclavos de ideologías políticas o de religiones dictatoriales, son los que el padre Juan quiere conocer. Con el paso del tiempo y siguiendo escrupulosamente los consejos de los frailes y monjas que conocen muy bien el país y a sus ciudadanos, el sacerdote católico ha podido conocer a varios cristianos que un día dejaron de ser musulmanes. Como ya se ha indicado, son muy pocos y, prácticamente, viven en la clandestinidad, muy repartidos, no solo en la gran ciudad, sino en el amplio territorio estatal. Aunque procuran reunirse de forma secreta en fiestas cristianas para intercambiar vivencias, fijar objetivos y, por supuesto, para conmemorar la fiesta que los ha reunido. Uno de estos heroicos cristianos ha contado al padre Juan algunas vivencias que ha padecido, y padece, por haber declarado públicamente que era cristiano. Él procede de una familia numerosa musulmana, muy acomodada y religiosa, empezó a estudiar el Corán al mismo tiempo que aprendía a leer y así completó su formación académica, profesional y religiosa, hasta que un día un amigo le confesó que hacía tiempo que se había convertido al cristianismo. Le regaló una Biblia y le dijo que, como intelectual, debería leerla detenidamente y comparar su contenido con el Corán, reflexionar y llegar a una conclusión. Después de un año de profundas reflexiones y análisis de las múltiples contradicciones encontradas entre los dos textos sagrados, llegó a la conclusión de convertirse al cristianismo, a pesar de las graves consecuencias que iba a sufrir él y su familia al declararlo públicamente, y así se lo comunicó al amigo que le regaló la Biblia. La primera y dolorosa consecuencia que sufrió fue ver cómo toda su familia lo repudiaba y, también, a su esposa e hijos. Los círculos de amigos o sociales quedaron reducidos a la nada por considerarlo un corrompido. En el trabajo lo trataban como a un infiel y lo han condenado a un severo ostracismo, aunque seguro que será despedido. Su mujer y sus hijos tuvieron que trasladarse a otro lugar para no recibir diariamente presiones familiares y sociales que terminarían trastornándolos. A pesar de los graves hechos o acontecimientos que cualquier musulmán sufriría por su apostasía, los nuevos cristianos que ha conocido el padre Juan están dispuestos a sufrir la privación de libertad o la cárcel, pero creen tener derecho a compartir públicamente con otros cristianos su martirio o felicidad y, para ello, no escatimarán esfuerzos ni sacrificio para difundir la religión católica por todos los medios posibles, incluidas, las redes sociales. Los excepcionales cristianos, a pesar del riesgo de ir a la cárcel, se muestran muy valientes y activos, de ahí que se hayan dirigido a algunas autoridades nacionales y también a organismos internacionales de derechos humanos, reclamando sus libertades individuales en todos los ámbitos de la vida social, igualdad de culto y enseñanza en las escuelas de la religión cristiana.

Después de casi tres años en el país africano, donde la religión musulmana se confunde con la política imperante por estar íntimamente cohesionadas, dando lugar a una exhaustiva intromisión en todas las relaciones de los ciudadanos, entrando, incluso, a regular los actos más íntimos de las uniones familiares o sociales, el padre Juan reflexiona y concluye: se siente un funcionario de la iglesia católica, ya que su trabajo consiste en mantener la iglesia preparada en los días y horarios permitidos para acoger a los católicos residentes o en tránsito y celebrar todos los actos religiosos propios de la doctrina católica. Sus acciones como apóstol de Jesús gozan de total libertad dentro del templo y solo para los feligreses católicos, ya que cualquier actividad pública, manifiestamente religiosa, con algún musulmán, aparte de ser rechazada casi con toda seguridad, sería muy peligrosa para ambos y, por supuesto, mucho más para el mahometano. El padre Juan no quiere seguir haciendo de samaritano anónimo, sino que desea hacerlo en nombre de Jesús y en el suyo como sacerdote de la Iglesia católica. Tampoco comprende, ni está de acuerdo, con el anonimato de las monjas que hacen de enfermeras en algunos hospitales, de cuidadoras de personas musulmanas enfermas abandonadas y de niños huérfanos o desamparados en la calle. Igual ocurre con los monjes católicos, ya que hacen siempre que pueden de grandes samaritanos con los musulmanes, pero cuando estos les preguntan el porqué de tanta misericordia, no pueden justificarla de la forma que ellos desearían, ya que alguien podría pensar o denunciar que están incitando a un musulmán a convertirse al cristianismo.

El padre Juan, después de tres años como sacerdote católico en una gran ciudad ubicada en una extensa región del mundo, donde, prácticamente, la totalidad de sus ciudadanos autóctonos son musulmanes por imperativo legal, ha llegado a la conclusión de que no son necesarios muchos sacerdotes, frailes, monjas o funcionarios de la Iglesia católica para atender solo a un reducido grupo de católicos y, menos aún, hacer de abnegados samaritanos a unos ciudadanos que viven en una región donde las leyes no garantizan los derechos humanos o, incluso, se puede ser aniquilado, odiado o rechazado por los mismos beneficiados, como son los muchos casos de vejaciones o asesinatos de monjas y misioneros eliminados físicamente en varios países musulmanes, por el solo hecho de ser católicos. Y lo grave de la situación detectada es que, a pesar de los asesinatos, repudio o la falta intolerable de libertad para poder predicar el evangelio de Jesús, el Papa, los cardenales, obispos y las máximas autoridades musulmanas y políticas de los diferentes países del mundo islámico continúan felices y despreocupados en sus palacios o mundo celestial, dejando pasar el tiempo, sin intentar fusionar el catolicismo y el islam en una nueva religión más humanitaria y solidaria, henchida de respeto y libertad, y así beneficiar, espiritual y socialmente, a muchos miles de seres humanos que en una religión son considerados hijos de Dios y en la otra, sus servidores. ¿Qué clase de demonio o de satanás impide a los citados jerarcas religiosos trabajar de forma valiente y honrada para conseguir una nueva religión que garantice la convivencia armónica de muchos millones de seres humanos? Después de estos pensamientos, el padre Juan se refugia en la soledad de su iglesia y de rodillas frente a una imagen de Jesucristo en la Cruz pide perdón por las posibles flaquezas de su fe, aunque, después de rezar varias oraciones y continuar de rodillas, aún se atreve a preguntar: «Mi Creador y mi Dios, tú, que eres un ser infinitamente bueno, con poder absoluto sobre todas las cosas, que todo lo tienes presente, que todo lo sabes, que todo lo creas y que nada ocurre en nuestro mundo o en cielo sin tu consentimiento, según nos enseña nuestra Santa Madre la Iglesia, ¿por qué permites la existencia de tantas religiones en el mundo si, como has podido comprobar a lo largo de los siglos, solo han servido, y sirven, para que tus amadísimos hijos se dediquen a descuartizarse o a matarse entre sí?».

El padre Juan, que ya ha cumplido cuarenta y dos años de edad, aparte de rezar mucho, celebrar misas, bautizos, entierros, diferentes actividades religiosas y hacer casi cada día de samaritano anónimo, aún le queda tiempo para salir asiduamente con sus muchos amigos, unos cristianos y otros ateos, ejecutivos o camioneros, mecánicos o empleados, no importa, les unen muchas cosas y, sobre todo, al sacerdote, estos amigos y sus ratos de diversión en ambientes tan diversos, como pueden ser discotecas de lujosos hoteles, salas de fiesta en lugares recónditos, restaurantes singulares o paseos nocturnos por barrios, calles o parques exclusivos, le ayudan a conocer muy bien cómo viven los ciudadanos nativos y, también, cómo se relacionan con los extranjeros residentes, viajeros o turistas. Ante todo, el padre Juan ha podido comprobar, y para ello no hace falta pasar mucho tiempo en la gran ciudad o en la región donde se ubica, que miles de musulmanes sufren graves injusticias sociales, que dan origen a una inmensa mayoría de gente pobre o muy pobre que malvive de las migajas de una minoría que detenta el poder político, económico y religioso. En esta sociedad, tan desequilibrada socialmente y sumamente controlada por la religión, el sacerdote con gran vocación de misionero, o sea, el padre Juan, ha descubierto que en la misma subyace un mundo que se diferencia muy poco del descrito en sus parroquias de España o de la América Latina, ya que en las diferentes relaciones sociales siempre aparecen denominadores comunes, como son la hipocresía y la felonía, posiblemente indispensables para poder superar necesidades de subsistencia o biológicas inherentes al ser humano, es decir, para poder vivir en una sociedad injusta, insolidaria, cínica y esclavista. El padre Juan, después de su larga experiencia o múltiples vivencias durante los tres últimos años, puede afirmar que el hábito no hace al monje, porque ha conocido a muchas mujeres musulmanas solteras, casadas, viudas o divorciadas que, enfundadas en sus chilabas y cubiertas hasta extremos que superan a las vírgenes pintadas por Murillo o Sorolla, podrían ser confundidas con virtuosas jóvenes, fieles esposas o respetuosas madres, pero, desgraciadamente, no ocurría así, porque cuando en la intimidad se desnudaban, y eso ocurría con suma facilidad, especialmente, si hay prebendas, dinero o valiosos regalos, estas mujeres actúan con dulzura, pero exteriorizando sus instintos animales más depravados, igual que cualquier latina o española, aunque siempre con la excepcionalidad de la experiencia acumulada. Y, tanto en la sociedad española como en la hispanoamericana, que el sacerdote conoce muy bien, hay mujeres que se prostituyen por necesidades económicas particulares o familiares, por sufragar gastos docentes, por realizar compras de prendas de vestir de prestigiosas marcas, por placer o, simplemente, por venganza a causa de alguna infidelidad u humillación sufrida. Tampoco cuando se trata de cuestiones o relaciones libertinas, los católicos, en general, o los musulmanes, en particular, tienen muchas objeciones sociales o religiosas en poner en práctica de forma alternada las enseñanzas del antiguo texto hindú Kāma-sūtra en sus ligazones de amistad o matrimoniales, envueltas en una apariencia envidiable de cortesía, tejida con invisibles hilos de hipocresía o felonía.

El padre Juan ya ha solicitado su traslado del país islámico, donde pronto hará cuatro años que llegó, contento y feliz, pensando que iba a realizar una extraordinaria labor de apostolado, pero en la actualidad se siente triste y decepcionado, porque ha podido comprobar que los católicos tienen prohibido cultivar y sembrar libremente las buenas semillas cristianas del evangelio de Jesús, aunque sea en eriales o pedregales musulmanes. Ha pedido a sus superiores eclesiásticos, siguiendo los trámites reglamentarios, que lo envíen a un lugar de la India, cercano a las fronteras del Nepal o de China, donde múltiples comunidades indias, practicantes de diferentes religiones conviven en gran armonía. Justifica suficientemente su deseo de abandonar el país que lo acogió hace casi un lustro y, por esto, espera que le sea aprobada su petición.

Como las cosas de la Iglesia Católica tienen un ritmo que, en la mayoría de los casos, no es el deseado, con la petición de traslado del padre Juan ha pasado lo que es normal en un inmenso reino absolutista con muchos miles de sacerdotes o funcionarios. Pero más vale tarde que nunca y, por esto, el sacerdote, amante de la libertad, con vocación de misionero, hoy se puede sentir contento, porque ha sabido que pasados unos días viajará directamente a Roma, donde le espera una comisión de asuntos africanos presidida por un obispo que conoce muy bien los diferentes países del tórrido continente, especialmente, los de religión musulmana. El padre Juan, en la citada comisión, tendrá que explicar y justificar el contenido del amplio y detallado informe que ha realizado sobre sus vivencias en el país africano; también, sobre la situación del fervor de los cristianos residentes y viajeros, y, en especial, todo cuanto ha podido conocer de los pocos musulmanes convertidos al cristianismo, así como su peligrosa y difícil situación social y familiar a causa de las leyes estatales y religiosas imperantes en el país, sin que las correspondientes autoridades del Vaticano intervengan de forma valiente, honrada y decidida para evitar las gravísimas consecuencias punitivas derivadas de la confrontación autoritaria de las dos religiones. Terminados los trabajos de la referida comisión, el padre Juan disfrutará de un mes de vacaciones en España, donde todavía tiene la suerte de poder abrazar a sus queridos y ancianos abuelos, y, cómo no, a sus padres y hermano, familiares y amigos. Y seguro que no dejara de recorrer los pueblos y ciudades de su amada patria, para completar mejor todo cuanto sabe de la actualidad española, tanto a nivel eclesiástico, económico, social y político. Por cierto, el sacerdote se encuentra muy preocupado por la degradación política y social que se está produciendo en España, causada por una mayoría de políticos apátridas, de un deficiente nivel profesional e intelectual y alimentada por una ley de leyes, o sea, la Constitución, que debería haber sido reformada hace bastante tiempo para eliminar o ilegalizar todo lo que ha provocado y está creando graves problemas de convivencia nacional, de igualdad, libertad y de justicia social entre los españoles, en sus más de cuarenta años de vigencia y, especialmente, el detestable Estado de las Autonomías, los partidos nacionalista y separatistas, los comunistas y todas las instituciones u organizaciones que atentan contra la integridad territorial de la nación, su bandera y demás símbolos que la representan.

Después de haber pasado treinta días inolvidables rodeado de familiares y amigos, disfrutando al máximo, sin dejar de recordar tiempos pasados de niños y adolescencias que jamás volverán, el padre Juan, a sus cuarenta y tantos años, aún ha tenido la gran suerte en estos días de vacaciones, de ser mimado y tratado por su madre y abuelas como cuando era un niño. De ahí que el día que se marchó nuevamente a Roma, no pudiera evitar los abrazos interminables, especialmente, a su madre y abuelas, donde las lágrimas de ellas se mezclaron con las suyas. El sacerdote no sabe exactamente cuánto tiempo pasará en Roma, aunque según le ha informado alguno de los muchos e influyentes amigos que tiene en el Vaticano, puede pasar aproximadamente un año, ya que los pequeños grupos de sacerdotes misioneros, que se desplazan a la India u otros países de culturas y religiones diferentes, han de ser preparados mediante cursos intensivos, no solo a nivel de conocimiento del idioma, sino de costumbres, tradiciones y religiones de la zona, pero, especialmente, han de conocer perfectamente los objetivos a conseguir y los métodos a emplear con los habitantes de la región.

El padre Juan ya se encuentra formando equipo con otros compañeros asignados a una parroquia católica de la India, cuyo origen data de hace muchos siglos, cuando los portugueses favorecieron el establecimiento de la primera comunidad católica en un pueblecito pesquero del sur de la India, convertido en la actualidad en la capital de la región o estado de Tamil Nadu, constituyendo una de las cinco ciudades más grandes de la India y nominada, de forma diferente y en distintas ocasiones, por los portugueses, ingleses u holandeses. Aunque a finales del siglo XX fue renombrada oficialmente como Chennai. Su área metropolitana es una de las más densamente pobladas del mundo, ya que alcanzó, a principios del siglo XXI, una población superior a los diez millones de habitantes, si tenemos en cuenta los hacinamientos humanos de los arrabales o poblados de chabolas. La ciudad de Madrás, como también se denomina a la gran urbe con un área que supera escasamente los cuatrocientos kilómetros cuadrados y tiene la segunda playa más larga del mundo, o sea, la tropical Chennai, está conectada desde finales del siglo XIX, por medio del ferrocarril, con el interior de la región y con grandes ciudades, tales como Calcuta o Bombay. El padre Juan o sacerdote de gran vocación misionera, después de una larga estancia en el Vaticano, donde ha complementado más conocimientos de todo cuánto sabía del país de las grandes desigualdades e injustas segregaciones de sus habitantes en castas sociales, defendidas por la religión de religiones mayoritaria e imperante en la India, o sea, el hinduismo, ya se encuentra formando parte de una de las diferentes comunidades de sacerdotes católicos existentes en la región de Madrás o tierra de Santo Tomás, como homenaje o recuerdo al apóstol evangelizador y fundador a mitad del siglo I. de las primeras comunidades cristianas o de creyentes en Jesús de Nazaret.

El padre Juan sabe que el hinduismo es la religión que practican la inmensa mayoría de los habitantes de la India, seguidos de unas destacadas minorías de musulmanes, cristianos, jainistas, budistas y otras de menor influencia espiritual. Según estadísticas de principio del siglo XXI, el ochenta por ciento de la población de la India profesa el hinduismo; el catorce por ciento, el islam; el dos y medio por ciento, el cristianismo, o sea, hay, aproximadamente, veinticinco millones de cristianos, y los porcentajes más reducidos se reparten para otras muchas religiones muy minoritarias. Pero se ha de destacar que hasta finales del siglo XX, las diferentes religiones existentes en el país de las enormes desigualdades e injusticias sociales coexistieron con cierta armonía o tolerancia, resignándose a aceptar los designios de sus venerados dioses. No ocurre lo mismo a partir de los inicios del nuevo siglo, ya que los hinduistas fundamentalistas, sectarios o ultraconservadores se están dedicando a romper de forma violenta, trágica o criminal la convivencia o tolerancia entre los diferentes grupos, familias o castas practicantes de diferentes religiones. Estos hinduistas fundamentalistas aspiran a eliminar las citadas religiones minoritarias, recurriendo a la violencia siempre que sea necesario, aunque se trate de religiones implantadas en la región hace muchos siglos, como son las abrahámicas e, incluso, las surgidas directamente en la India, como el budismo, el sijismo y el yainismo.

El sacerdote con vocación misionera, aparte de dominar perfectamente el idioma inglés, que es la lengua oficial de la región, también tiene amplios conocimientos del tamil o lengua cooficial de la zona, por lo que el padre Juan tratará de familiarizarse con sus habitantes y costumbres para tratar de ser uno más y, así, conquistar su confianza para lograr predicar el evangelio de

Jesucristo en cualquier rincón del nuevo país, donde piensa ejercer un gran apostolado. Además, no se encontrará con los graves problemas persecutorios o restrictivos de la región del norte de África, pero sí tendrá que tener muy en cuenta las instrucciones de sus superiores eclesiásticos, ya que, a pesar de existir una gran libertad religiosa y encontrarse en un país con un Estado laico, las áreas de actuación reservadas a las religiones no hinduistas están muy compartimentadas con asignación de trabajos considerados como ayudas o prácticas de apostolado a los seres más necesitados.

El padre Juan y dos sacerdotes más, aparte de atender cada día a todas las personas que se acercan a ellos y realizar las actividades u obligaciones religiosas que les corresponden como sacerdotes de la Iglesia católica, apostólica y romana, que sus superiores les han asignado, han recibido el encargo de llevar a la práctica un ambicioso programa de apostolado y de ayuda generalizada a los miles de residentes en el arrabal o poblado de chabolas, en cuyo inicio se encuentra ubicada la pequeña iglesia que los tres sacerdotes han de hacer servir como si se tratara de la nave de mando de un barrio que debe ser transformado, si sus habitantes así lo desean y las autoridades correspondientes colaboran con los tres sacerdotes. Los tres apóstoles de Jesús o misioneros están muy ilusionados y, por aclamación, han decidido que sea el padre Juan, por ser el más veterano, el que se haga cargo del timón o de la dirección del ambicioso proyecto de transformación del barrio, no solo a nivel urbanístico, sino de asistencia social, para humanizar un poblado donde viven miles de personas en condiciones infrahumanas.

En el programa de trabajo, que los sacerdotes han decidido iniciar, han fijado tres condiciones durante la etapa previa a la elaboración y ejecución del proyecto correspondiente, cuyo objetivo principal ha de ser la transformación del deplorable e injusto asentamiento humano.

Estas condiciones son:

1.ª. Durante los días considerados laborables establecerán los turnos correspondientes para que la iglesia permanezca abierta todo el día, garantizando la atención a cualquier persona que se acerque a la misma solicitando ayuda. Los dos sacerdotes libres de este compromiso aprovecharán la amistad de los católicos o feligreses residentes en el citado asentamiento o poblado de barracas para pedirles ayuda y colaboración para conocer sus calles, a sus familiares, amigos y vecinos, así como su forma de vida, situación económica, política y social, además de otros anhelos.

2.ª. El objetivo principal del contenido del apartado anterior es conocer lo mejor posible la aciaga barriada, tanto a nivel humano como urbano, para tratar de paliar las enormes injusticias sociales que deshumanizan a miles y miles de seres humanos. Tendrán muy en cuenta las carencias básicas de supervivencia, la asistencia médica y el estado de las posibles redes de agua, electricidad y alcantarillado.

3.ª. Las diferentes celebraciones o ritos católicos de los días festivos serán distribuidos y oficiados entre los tres sacerdotes, aunque terminados estos, los dos religiosos que queden libres, de acuerdo con los turnos establecidos, se dedicarán a visitar otras comunidades o iglesias católicas de la gran ciudad, para que los respectivos clérigos o compañeros, encargados de las mismas, los pongan al corriente de su actividades religiosas y sociales, de forma que lleguen a tener un conocimiento muy completo de la idiosincrasia de los habitantes de la metrópoli y un exacto conocimiento de su textura social y urbana.

Los tres sacerdotes reconocen que se han fijado una primera fase de trabajo muy difícil y laboriosa, pero se encuentran muy animados y dispuestos a no escatimar ningún esfuerzo para terminar lo antes posible, aunque reconocen que, como mínimo, tardarán cinco o seis meses en conseguir toda la información necesaria que les permita realizar un completo proyecto de ejecución para lograr una transformación humana y urbana de la inmunda barriada. Terminada la elaboración del ambicioso proyecto en la que participarán feligreses y especialistas voluntarios, los sacerdotes solicitarán ayudas y colaboración económica y técnica en los influyentes despachos de las autoridades civiles y eclesiásticas, para llevar a la práctica el ambicioso proyecto de transformación, urbana y social, que piensan realizar.

Después de ocho meses de un laborioso trabajo de campo y muchas visitas a los departamentos civiles correspondientes, y, cómo no, a los eclesiásticos y medios de comunicación, el padre Juan y sus compañeros, los infatigables y jóvenes sacerdotes Isidoro y Miguel, ya disponen de una voluminosa y completa documentación que les permitirá poner en marcha la redacción del ansiado y ambicioso proyecto de transformación y humanización de un inmenso suburbio, donde viven hacinadas casi un millón de personas en condiciones infrahumanas. Los tres sacerdotes cuentan con cientos de colaboradores voluntarios y, por supuesto, con un reducido grupo de especialistas y técnicos entusiasmados por ver convertido en realidad la benefactora obra. Tampoco falta la colaboración publicitaria en algunos medios de comunicación y la aportación material y económica de muchas empresas que han tenido conocimiento de la labor puesta en marcha por los tres sacerdotes con vocación misionera.

No ha transcurrido mucho tiempo, cuando los tres sacerdotes, su equipo de voluntarios técnicos y los colaboradores entusiastas de la futura obra, han logrado tener un completo proyecto ejecutivo que cumple todos los requisitos legales, para convertir el suburbio en un barrio respetable, alejado de lo que se considera precario. El citado proyecto contempla una nueva urbanización de toda la zona afectada, creando calles, avenidas y plazas provistas de un extenso arbolado, un moderno sistema de alumbrado, una completa y efectiva red de alcantarillado, así como las correspondientes instalaciones subterráneas de alumbrado, agua y telefonía. La nueva red viaria enlaza con las vías principales y secundarias de la gran urbe, creando una perfecta ampliación urbana de la misma, donde se incluye toda la red de servicios de transporte público. El resultado definitivo del citado proyecto también estará representado en una completa y detallada maqueta que se instalará en una zona de la iglesia para que pueda ser visitada a cualquier hora del día por todas las personas interesadas.

Todos los habitantes del humillante asentamiento humano serán realojados de forma paulatina a medida que se vayan construyendo las nuevas viviendas, que estarán integradas formando edificios apareados de una altura no superior a tres plantas, igual que las existentes en el barrio limítrofe. El nuevo barrio tendrá unos edificios singulares, donde se ubicarán los servicios primarios de asistencia médica, una residencia para personas mayores, un ateneo, centros de enseñanza y dependencias de diferentes servicios municipales. Otra de las cláusulas fijada en los correspondientes documentos integrantes del proyecto ejecutivo del nuevo barrio condiciona que todos los hombres residentes en el arrabal con edad de trabajar han de ocupar un puesto de trabajo para realizar algunas de las múltiples actividades que se derivarán de la grandiosa construcción de la nueva obra urbana y arquitectónica. Durante el tiempo de ejecución de la misma se organizarán cursillos de formación profesional acelerada para que todas las personas que lo deseen puedan optar a puesto de trabajo de categoría superior a la que desempeñan.

Los tres sacerdotes, sus colaboradores voluntarios, los feligreses apasionados, algunos medios de comunicación y bastantes autoridades eclesiásticas y civiles de ámbito local, regional y estatal quieren que la gran obra proyectada sea una realidad lo antes posible; de ahí, que cada cual participe a su manera en la divulgación del gran proyecto y cómo se ha de colaborar en la puesta en marcha del mismo. Gracias a las muchas influencias del padre Juan en el Vaticano, el proyecto germinado por los tres sacerdotes con vocación misionera ha traspasado las fronteras nacionales y ya es conocido en varias naciones del mundo occidental, originando una gran solidaridad y unos propósitos de máxima colaboración para que su construcción se lleve a cabo lo antes posible. Como consecuencia de todo esto, las autoridades municipales correspondientes han decidido hacerse cargo de toda la obra correspondiente al citado proyecto ejecutivo del nuevo barrio, sufragando el cincuenta por ciento de su importe y el resto correrá a cargo de la solidaridad económica local, regional, nacional e internacional conseguida por los tres sacerdotes, que, además, tendrán funciones de codirectores junto con el equipo de técnicos especialistas encargados de toda la ejecución de la obra.

Después de casi dos años de realización de la referida obra, se puede afirmar que, en un plazo no superior a un año, el antiguo arrabal o poblado de barracas con miles de personas hacinadas en condiciones hirientes se está terminando de transformar en un bonito barrio de viviendas con vistosas características arquitectónicas, calles, avenidas y plazas con pavimentos construidos con los mejores materiales, completadas con el adecuado mobiliario urbano y mucho arbolado, sin faltar parques y jardines con sus fuentes ornamentales de agua y también de agua potable. Todos los habitantes del arrabal y, especialmente, la mayoría de los varones en edad de trabajar han experimentado un cambio extraordinario gracias a una mayor autoestima debida a la innovación del hábitat, la prestación de servicios básicos y la formación profesional adquirida que los capacita para mantener una familia en condiciones muy dignas. Ya ocupan unas confortables viviendas que han recibido a cambio de su chabola y disfrutan de unos espacios y servicios públicos que les hace sentirse ciudadanos con derechos y obligaciones. Jamás podrán olvidar la abnegada y extraordinaria labor ejercida por los tres sacerdotes, que continúan más ilusionados que cuando se iniciaron los trabajos de construcción del nuevo barrio, porque ahora ven que su obra social, arquitectónica y urbana está a punto de ser coronada. Los representantes civiles y municipales de los habitantes del nuevo barrio mantienen en secreto, para que cause una gran sorpresa a los verdaderos héroes de la magna obra, el premio que han decidido concederles el día de la inauguración. Sencillamente, han aprobado dar el nombre de la mejor plaza y avenida al de los tres sacerdotes, o sea, plaza y avenida de Juan, Isidoro y Miguel, incluida una estatua de mármol a escala natural, con la correspondiente placa y leyenda dedicada a los tres misioneros y sacerdotes creadores y benefactores del nuevo barrio de la gran ciudad del sureste de la India.

Desde que el proyecto ejecutivo de la mencionada obra se dio a conocer a las demás comunidades religiosas locales, regionales, nacionales e internacionales, el interés por conocer el suburbio a transformar y el proyecto a ejecutar despertó mucho interés, tanto a nivel eclesiástico, político y social; de ahí, que durante los tres años que han durado las obras, los sacerdotes con vocación misionera hayan recibido a muchas autoridades y compañeros del país, y de otras partes del mundo, para conocer toda la metodología empleada en la consecución de una obra de características humanas, urbanas y arquitectónicas muy singulares. Pero, realmente, ha sido el día de la inauguración del nuevo e inmenso barrio cuando el interés por la obra realizada y el deseo de agradecer y premiar a los creadores y promotores de tan extraordinaria labor ha congregado en la plaza mayor del nuevo barrio a miles de autoridades eclesiásticas y civiles, nacionales e internacionales, acompañadas de más de un millón de feligreses o ciudadanos beneficiados del gran esfuerzo y sacrificio de los tres sacerdotes o misioneros, que comprendieron desde un principio que poco podían hacer por aquellas pobres gentes que integraban el suburbio si solo se dedicaban a rezar y a repartir bendiciones en nombre de un Dios poderoso y misericordioso.

Hace ya casi un año que se inauguró el nuevo barrio, que en muchas partes empieza a conocerse como el Barrio de los católicos y el ritmo de trabajo de los tres sacerdotes continúa siendo extenuante, ya que han sido invitados a dar múltiples conferencias en las grandes ciudades del país e, incluso, en algunos países extranjeros, sin contar todas las comunidades católicas de la gran ciudad, para que conozcan los muchos asentamientos de gentes abandonadas a la miseria y, así, puedan aportar soluciones factibles, teniendo en cuenta su gran experiencia de los grandes esfuerzos y sacrificios realizados para transformar un inmenso arrabal en un barrio sobresaliente de una gran ciudad. Aunque los tres sacerdotes esperan que muy pronto sean trasladados a otras ciudades, ya que manifestaron a sus superiores eclesiásticos, no hace mucho tiempo, que consideraban haber logrado satisfactoriamente el trabajo que les había sido encomendado hace casi cuatro años y, por esto, deseaban llevar las enseñanzas de Jesús, con su vocación misionera, a otros rincones olvidados y necesitados del desequilibrado e injusto país.

El tiempo pasa inexorablemente, porque el diabólico medidor del mismo, o sea, el reloj, no nos permite pararlo, aunque sea un instante, para intentar alargar algunos de los pocos momentos de felicidad que nos proporciona la vida en nuestro planeta Tierra, el cual forma parte del inmenso Universo, integrado por miles de astros sincronizados en un equilibrado movimiento alrededor del Sol, el cual irradia una potente y sorprendente energía envolvente, que controla unas fuerzas magnéticas, encargadas de mantener la existencia armónica de miles de cuerpos celestes y, por qué no, algunos terrestres, como, por ejemplo: nuestro medidor del tiempo. Lo cierto de todo es que nuestros ejemplarizantes sacerdotes, Juan, Isidoro y Miguel no han tenido que esperar mucho tiempo para conocer sus nuevos destinos, de acuerdo con la petición que habían formulado a sus superiores eclesiásticos. Así, podemos saber que el sacerdote o padre Isidoro, en breve, marchará a Calcuta o Kolkata, donde será el párroco responsable de dirigir una pequeña parroquia ubicada en las inmediaciones de uno de sus grandes suburbios. Es una ciudad monumental y turística que cuenta con más de cinco millones de habitantes y también es conocida como la Ciudad de la alegría, la cuna del primer Premio Nobel de literatura, Rabindranath Tagore, y el singular santuario de la Madre Teresa de Calcuta. Aunque no podemos olvidar a los miles y miles de personas que viven en la más absoluta pobreza o en condiciones infrahumanas, como consecuencia de los enormes e injustos desequilibrios sociales, fruto de unas leyes muy injustas y de la detestable división de castas imperante en todo el país, constituyendo un auténtico semillero de esclavitud de millones de personas, siendo uno de los ejemplos más deplorables y visibles los *rickshaws* o vehículos ligeros de dos ruedas, movidos por la fuerza humana, bien sea a pie o a pedales.

El padre Miguel se encuentra contento y muy ilusionado, porque le han asignado una parroquia en Bombay, conocida en la actualidad como Mumbai, y por la que siente una especial atracción, no solo por estar considerada la puerta de la India, sino por la gran diversidad social e inmensidad humana que la integra, por sus barrios coloniales, por sus innumerables y coloridas tiendas de artesanía, por sus grandes atracciones naturales y artificiales, y, cómo no, por su riquísima gastronomía. En fin, una megalópolis en la costa del mar Arábigo que alberga a casi veinte millones de habitantes, con apariencia de funcionamiento caótico, donde, milagrosamente, todo funciona, a pesar del endiablado tráfico y sus insoportables ruidos envueltos en medio de un ambiente húmedo y pegajoso, originado por su clima tropical. No solo es la ciudad más rica y poblada de la India, sino que es la capital del estado federal de Maharashtra, ubicado al oeste del país. Cuenta con uno de los mayores puertos naturales del mundo, extraordinarios templos, monumentos y edificios de valiosa arquitectura. Como casi todas las grandes ciudades del mundo, tampoco se libra de tener a millones de sus ciudadanos viviendo en los arrabales y padeciendo una extrema pobreza e imposibilitados de poder tener un hogar digno de seres humanos.

En esta ocasión, el padre Juan no ha podido rechazar el nombramiento de Obispo auxiliar de una gran archidiócesis de la región, ya que ha sido una decisión del Vaticano a propuesta de los superiores eclesiásticos del sacerdote, de diferentes autoridades civiles y de miles de feligreses de Chennai, que nunca lo olvidarán. Por estas razones, el padre Juan se encuentra muy contento y agradecido a todas las personas e instituciones que han intercedido por su nombramiento como Obispo auxiliar de una inmensa región, donde no faltan rincones para realizar una verdadera labor de apostolado a pie de obra, alejado de procedimientos burocráticos y de consignas espirituales e intangibles, que nada solucionan a los seres desheredados, humillados o condenados por las injusticias sociales a vivir en condiciones inhumanas en los suburbios de la grandes y prósperas ciudades.

El nuevo Obispo, aparte de estar sujeto a las directrices de su superiores, las cuales piensa cumplir escrupulosamente, también, en su fuero interno, para tranquilidad de su conciencia, ya se ha marcado dos objetivos que tratará de desarrollar al máximo, aprovechando su nuevo *status*, ya que le permitirá visitar muchas comunidades religiosas de otras tantas ciudades, conocer a los responsables de diferentes misiones, incluidas autoridades civiles y religiosas de otras confesiones, con las que intentará desarrollar programas sociales de forma conjunta; y, por supuesto, el obispo Juan siempre se interesará por los barrios más pobres o precarios de las muchas ciudades que piensa visitar, para aportar soluciones que ayuden a las personas más necesitadas a vivir dignamente. Por consiguiente, sus propósitos a nivel pastoral serán cumplir fielmente los programas o trabajos encomendados por sus superiores y, además, como primer objetivo particular, intentará relacionarse con el máximo de ciudadanos que pueblan la India, independientemente de su clase social, religión o casta, sin olvidar la máxima atención a todas aquellas personas que profesan su religión. Y su segundo propósito será lograr el máximo conocimiento del hinduismo o religión de religiones, practicada por el ochenta por ciento de la población hindú. El obispo intentará conocer en profundidad cómo se fusionaron varias religiones con dioses diferentes, incluidas tradiciones y prácticas muy dispares de millones de seres humanos, creando una nueva religión, como fue el hinduismo. El obispo, cada día que pasa, está más convencido de que si en el mundo civilizado solo existiera una religión, que fuera consecuencia de la fusión de las religiones existentes, los seres humanos disfrutarían de una mayor fraternidad y dejarían de sufrir las crueles consecuencias de muchas guerras. Por esto, el nuevo prelado siempre piensa que los máximos patriarcas de las principales religiones, en vez de perder tanto tiempo en sus contactos espirituales o celestiales, deambulando por los palacios, catedrales o iglesias, organizando excelsos actos henchidos de cinismo e hipocresía, deberían trabajar mucho y honradamente, empezando por lograr fusiones de las religiones del mismo origen, por ejemplo, las abrahámicas, las hindúes y otras, de forma que las religiones resultantes terminen de forma gradual con el transcurrir del tiempo, transformándose en la única religión imperante en todo el mundo civilizado. Sus habitantes lo agradecerían y los patriarcas, valientes y honrados, habrían logrado un verdadero apostolado al conseguir un paraíso terrenal para los seres humanos y ellos, sin duda alguna, como determinan sus religiones, no serían condenados al infierno, aunque tampoco ganarían el cielo, la gloria o el paraíso, porque nada de esto existe después de la muerte, pero, en cambio, se convertirían en auténticos apóstoles o mensajeros de la paz de nuestro planeta Tierra.

Ha pasado casi un año desde que el padre Juan fue nombrado Obispo auxiliar y se encuentra encantado de su trabajo pastoral, pero, especialmente, porque está dedicando todo su tiempo libre a conocer mejor a los habitantes de la India, sus diversas prácticas religiosas, sus lenguas y, muy particularmente, al hinduismo. Porque a medida que mejor conoce la vida de sus practicantes, queda más fascinado por el inmenso logro de unos heroicos e íntegros patriarcas, al crear una singular y milenaria religión, fusionando diversas religiones, filosofías, tradiciones, culturas, creencias y rituales que unen a muchos millones de hindúes, proporcionándoles paz espiritual y una insólita solidaridad que mantiene una convivencia armónica, a pesar de justificar y defender la detestable e injusta división de los ciudadanos hindúes en castas sociales, constituyendo el origen de una enorme exclusión y desigualdad humana que provoca mucha pobreza y humillación en las clases más bajas. El obispo también se está interesando mucho por las otras religiones de origen hindú, como el budismo, el yainismo y el sijismo, sin olvidar las de origen abrahámico y algunas exógenas o procedentes del exterior del país, como el zoroastrismo y el bahaísmo.

El obispo, en sus casi cuatro años como sacerdote católico en la India, también se ha interesado por conocer muy a fondo la situación de la mujer y sus relaciones íntimas o maritales, para saber si también se produce la llamada «violencia de género», calificada o impuesta así por diferentes medios de comunicación de algunos países del mundo occidental, cuando lo justo sería denominarla violencia familiar, doméstica o intrafamiliar, ya que la puede sufrir cualquier miembro de la familia, bien sea hombre, mujer, hijos, abuelos o demás parientes. Es cierto que debido a la deplorable división de castas de la sociedad hindú, millones de mujeres sufren una condenable desigualdad con respecto a los hombres, empezando por la educación, la sanidad, el trabajo y otros derechos humanos fundamentales, a pesar de que en los últimos años el gobierno ha iniciado la puesta en práctica de algunos programas dirigidos a miles de mujeres para intentar corregir que sigan viviendo bajo el umbral de la pobreza o, simplemente, en un estado de auténtica esclavitud, situación que genera un inhumano estado de sumisión frente al más poderoso, empezando por el hombre y continuando por las distintas entidades, laborales o sociales, instituciones y organismos públicos, integrantes de una injusta e insolidaria sociedad. En realidad, la esclavitud, la miseria y la sumisión al poderoso también la sufren muchos millones de hombres, especialmente, pertenecientes a las clases más humildes o castas más bajas, pero a través de prácticas que pueden generar un menor envilecimiento que el que sufren las mujeres atrapadas en la prostitución. El obispo queda horrorizado cuando piensa en el mundo de la prostitución en la India, donde no hace muchos años más de veinte millones de personas, entre las que se encontraban niñas, adolescentes y mujeres de todas las edades, estaban encadenadas por razones personales, familiares o sociales a la férrea y criminal red de araña del tráfico sexual, que se extiende por todo el país, especialmente, en las grandes ciudades, donde proliferan los burdeles de diferentes categorías, ya que se pueden encontrar prostitutas integrando un amplísimo abanico de edades y procedencias de diferentes castas sociales. Es verdad que el nauseabundo mundo de la prostitución se nutre, principalmente, de familias pobres que trafican con sus hijas, como si se tratara de animales, pero hay que reconocer que lo completan en un elevadísimo porcentaje, mujeres de todas las castas o *status* sociales. Frente a ese repugnante y generalizado mundo de la prostitución que lo contamina y naturaliza casi todo, junto con los dogmas y normas religiosas del hinduismo y de otras religiones, al prelado Juan le cuesta mucho conocer el normal y justo comportamiento de los cónyuges de los matrimonios católicos y, menos aún, los principios y valores que rigen la vida conyugal de matrimonios celebrados bajo otros ritos religiosos. La referida contaminación quizás sea la causa de que el Tribunal Supremo de la India haya despenalizado hace muy poco tiempo el adulterio, contraponiendo el divorcio como solución justa al fatal atentado contra la institución y santidad del matrimonio, al considerar que las mujeres no pueden ser propiedades de los hombres. Lo que ha podido saber el obispo, y le ha llamado mucho la atención, es que no hace muchos años la mujer que mantenía relaciones extramaritales con el permiso de su marido, el amante quedaba exento de una culpa o delito, que, en caso contrario, podría estar penado con varios años de cárcel. Esto le hace recordar al prelado una reflexión que se ha hecho en más de una ocasión frente a graves conflictos entre cónyuges, pensando en posibles soluciones a una inmensa mayoría de casos de violencia doméstica o intrafamiliar, sin obviar, en primer lugar, la derogación de la discriminatoria e injusta ley de violencia de género de algunos países europeos, como ocurre en España. El religioso cree que los hombres y mujeres, amantes del matrimonio, deben ser los verdaderos e inteligentes guardianes de la integridad, honorabilidad y santificación de la importantísima institución embrionaria de la sociedad civilizada. Pero el mitrado piensa que los contrayentes del valioso sacramento y origen de la familia tradicional deben recibir en el ambiente familiar un excelente ejemplo de una honorable vida patriarcal y toda la información y formación posible sobre las difíciles y diferentes vicisitudes por las que puede atravesar la unión marital que se proponen formalizar. Aunque teniendo en cuenta la legislación imperante de igualdad de género en muchas sociedades progresistas occidentales o en el resto del mundo, los contrayentes también han de estar informados e, incluso, comprometidos para asumir todas o parte de las consecuencias que de esas leyes liberticidas o antinaturales de igualdad de género se pueden derivar, ya que en la formación de un matrimonio u otro tipo de relación íntima consensuada, la ignorancia o la traición pueden tener consecuencias gravísimas, no solo para la integridad física de algún consorte, sino también, psíquica. Por esto, la aceptación o consentimiento por parte de ambos cónyuges para relacionarse íntimamente con terceras personas debe ser fundamental, sin que esto pueda originar la rotura del peculiar matrimonio y, mucho menos, tener un grave desenlace económico o físico que dañe a alguno de los integrantes del mismo, hijos o parientes, sino una singular relación consentida con resignación para salvar la existencia de lo fundamental, o sea, un matrimonio oficial convencional abierto o liberal. Es cierto que este pintoresco matrimonio requiere contrayentes muy inteligentes, responsables, cultos y sanos mentalmente, porque, en caso contrario, el divorcio normal o el aberrante es inevitable, pero siempre con la correspondiente indemnización a los posibles perjudicados, bien sea, el otro cónyuge, hijos o parientes.

El obispo considera que una sociedad integrada mayoritariamente por matrimonios peculiares, abiertos o convencionales está socialmente muy enferma y situada en una peligrosa rampa descendente, que la conduce inexorablemente a su autodestrucción a través del caos o de la cabila. Si a esta situación social se une la generada por el apareamiento, regido por la irresponsabilidad, el egoísmo y el sentimiento animal que antepone el placer al raciocinio, que debería imperar entre seres civilizados, leales y sensatos, terminará con acontecimientos similares a los de Sodoma y Gomorra en un futuro no muy lejano.

Después de dos años ejerciendo como Obispo auxiliar en la India, el padre Juan marchará en breve a Roma, concretamente, al Estado de la Ciudad del Vaticano o Santa Sede, como obispo integrante de una de las muchas congregaciones o comisiones que tratan de los múltiples asuntos eclesiásticos. Según le han comunicado sus superiores, su estancia en el nuevo destino no será inferior a dos años y tiene como objetivo lograr un exhaustivo conocimiento del organigrama estructural y funcional del gobierno de la Santa Sede.

El obispo Juan ya lleva seis años trabajando en el Vaticano y ha pasado por casi todas las congregaciones y consejos pontificios existentes, formando parte de varias comisiones y ponencias sobre América latina, obras misionales en el mundo, las iglesias orientales, la educación católica universal, la evangelización de los pueblos, las enseñanzas de ciencias sociales y otras muchas. Se puede afirmar que el prelado que asumió una relevante función en el gobierno de la Santa Sede por obediencia e imperativo legal, pero jamás deseada y, en ocasiones, muy crítico con ese gobierno tan encapsulado y alejado de la realidad, tiene en la actualidad un conocimiento extraordinario de cómo es el funcionamiento del gobierno del Estado absoluto más antiguo y pequeño del mundo. Y, por esto, ha llegado a la conclusión de que resulta absolutamente imposible proponer al Pontífice, o rey absoluto del pequeño reino con una sublime influencia universal, la organización de conferencias o reuniones de trabajo con los máximos patriarcas de las diferentes religiones monoteístas y politeístas para lograr lo antes posible una sola religión universal con dioses terrenales, que hagan olvidar a los inexistentes celestiales y cuya implantación se haga paulatinamente de forma continua. Por esta y otras muchas razones, el obispo, que hace unos días le han comunicado que iba a ser nombrado Arzobispo de una capital española, ha solicitado al Santo Padre su deseo de ser enviado como misionero a un país donde pueda enseñar a vivir dignamente y en libertad a muchas personas que tengan sed de aprender, para ser menos manipulables por ideólogos políticos, religiosos o vividores sin escrúpulos. Al prelado le hubiera gustado ser arzobispo de cualquier capital de su querida y jamás olvidada España, pero, irremediablemente, no podría convertirse en un camaleón con mitra y sotana, aunque sí le encantaría imitar a Jesucristo, expulsando a los mercaderes del Templo, ya que en la iglesias españolas se han instalado demasiados camaleones y vividores, pero si esto ocurriera, quizás, terminaría involuntariamente en los infiernos de un frenopático. Desgraciadamente, la inmensa mayoría del pueblo español es tan irresponsable, egoísta, cobarde, ignorante y jaranero que se comporta como un rebaño, dejándose llevar por demagogos de ideologías comunistas, totalitarias, criminales y fracasadas hacia un precipicio bélico, igual que le pasó hace casi un siglo en su última guerra civil y esto sin contar a los separatistas, felones y vividores. En fin, el sacerdote tiene muy claro que solo la miseria y la injusticia social, que se acentuará con el paso del tiempo, provocará la chispa que originará la gran explosión bélica social que despertará a millones de españoles irresponsables, necios e incapaces de aprender de su propia historia. Aparte de estas consideraciones, el obispo, después de casi cuarenta años de apostolado cristiano y católico por diversas partes del mundo, está atravesando una gravísima crisis de fe, porque, a medida que pasa el tiempo, comprueba que aumenta más el número de personas desventuradas y, también, las guerras ideológicas, religiosas, comerciales o territoriales se potencian o siguen igual, sin olvidar los graves desastres naturales en el mundo, causantes de la eliminación o desaparición de millones de seres humanos inocentes y otros son esclavizados o condenados a una horrible miseria, que los convierte en seres inferiores a muchos irracionales. En definitiva, el obispo Juan ha perdido su fe en la existencia de un Dios creador infinitamente bueno, con poder absoluto sobre todas las cosas, que todo lo tiene presente, que todo lo sabe, que todo lo crea y que nada ocurre en nuestro mundo o en el cielo, sin su consentimiento, según enseña la Santa Madre Iglesia católica, apostólica y romana.

ISABEL, INTELIGENTE Y RESPONSABLE

Recordemos que Isabel es hija de Lola y de Marcos, y hermana de Fernando y Julián. Todos ellos, incluidos sus abuelos y demás parientes, forman un núcleo familiar muy envidiado por sus amigos y conocidos, que los quieren, admiran y respetan por su ejemplaridad de esfuerzo y sacrificio para lograr, no solo una buena situación personal y social, sino por colaborar activamente en la consecución de una sociedad más prospera, solidaria, justa y libre. También recordaremos que Isabel, en sus primeros años de la adolescencia, ya inició su formación vocacional, pero sin dejar de pensar en lograr un nivel académico, profesional y posición social que superara el *status* de sus padres, ya que consideraba que sería el mejor regalo que les podría hacer y la forma más sublime y justa de reconocer su perseverancia, esfuerzo y sacrificio para que sus hijos consiguieran una formación universitaria, profesional y cultural que les permitiera ser ciudadanos ejemplares, patriotas, responsables y servidores de la sociedad. Isabel, desde muy joven, siempre se interesó por los grandes problemas que atenazaban a la difícil sociedad que le había tocado vivir; de ahí, que a medida que iba pasando el tiempo, también adquiriera muchos conocimientos básicos locales, regionales, nacionales e internacionales, que caracterizan a las diferentes organizaciones e instituciones que integran o dan forma a nuestra sociedad actual y, de esta forma, se fue dotando poco a poco de una cultura general, aparte de su formación universitaria, que, sin duda alguna, la convertiría en una mujer preparada para asumir retos particulares y sociales que no todas las mujeres, ni tampoco los hombres, por muchas leyes discriminatorias de igualdad de género que promulguen los gobiernos denominados cínicamente «progresistas», dirigidos e integrados por miles de individuos ineptos y sin escrúpulos, gracias al sistema político imperante denominado «democracia», donde los individuos competentes, sensatos, cultos y patriotas son igualados por medio del principio político de un hombre-un voto, a los insensatos, apátridas e ignorantes. Es cierto, que hay muchas opciones o partidos políticos para satisfacer o tratar de corregir la gran injusticia igualitaria del citado sistema político, pero, desgraciadamente, el dominio de las masas más ignorantes o sectarias por vividores e ideólogos sin prejuicios crea unas mayorías que no suelen corregir la injusticia igualitaria, sino mucha más desigualdad, derivada de lo que llaman democracia, cuando realmente es una dictadura de los partidos políticos o partitocracia.

En la actualidad, Isabel tiene casi veinticuatro años, acaba de licenciarse en medicina general y en sociología, domina con soltura los idiomas inglés y francés, y tiene un conocimiento extraordinario del idioma español y una envidiable oratoria. Se siente muy orgullosa de la lengua y de la historia de su venerada España, de la cual, y a medida que mejor la conoce, considera que, por muchos años que viva, aún les faltarían muchos más para honrar a todos los españoles ilustres que tanto trabajaron e, incluso, sacrificaron sus vidas por hacerla más grande, justa, solidaria y libre. En breve, se marchará muy lejos de España para colaborar de forma voluntaria durante dos años como profesional de la medicina en cualquier rincón del mundo, con organizaciones médicas y humanitarias internacionales, que se dedican a ayudar a las víctimas de la extrema pobreza, causada por reprobables injusticias sociales, desastres naturales o conflictos bélicos. Pero mientras consigue toda la documentación necesaria o supera la agotadora burocracia, emplea su tiempo dedicándose a la medicina, a las ciencias sociales y a estudiar el idioma árabe.

Isabel no tiene ningún compromiso sentimental, en realidad, en su corta vida solo tuvo unas relaciones más o menos íntimas al final de su adolescencia, que terminaron bruscamente cuando se negó de forma rotunda a perder su virginidad, como condición para poder formar parte de esas masas juveniles gregarias e integrantes de las fiestas progres desbocadas de cada final de semana, cuyos principales objetivos son embriagarse para perder su escaso raciocinio y terminar fornicando en pareja o en manada para sentirse realizadas. Aparte de sus frustradas experiencias amatorias, Isabel tiene muy claro que su respeto y amor a su familia la convierten en una firme candidata a formar otra familia tradicional, como la de sus padres, aunque considera que todavía es muy joven y, además, ella no piensa en el matrimonio como una simple unión de un hombre y una mujer para satisfacer mutuamente sus deseos carnales, esto lo deja para las múltiples parejas de animales irracionales que habitan en nuestro planeta, porque el matrimonio para ella es algo sublime, donde el hombre y la mujer asumen de forma voluntaria roles diferentes, y nunca iguales, unidos por un excepcional respeto y cariño en la fortuna o en la tragedia, coronado todo ello con una lógica descendencia que los hará sentirse muy felices y sumamente realizados. Pero

Isabel todavía no tiene ninguna prisa por encontrar a su media naranja, porque, aparte de considerarse muy joven, piensa que una mujer, por el solo hecho de serlo, no está capacitada para casarse e intentar formar una familia, igual que cualquier otra persona adulta tampoco lo está para ejercer cualquier profesión o responsabilidad particular o pública, si previamente no se ha preparado a través de las enseñanzas y prácticas profesionales correspondientes. ¿Acaso daríamos el control de un coche, tren o avión a cualquier persona adulta que, de forma osada e irresponsable, quisiera conducir alguna de estas máquinas? Pensemos en los terribles resultados de cualquier entidad o institución oficial dirigida por una persona ignorante o incompetente. Pues semejantes resultados pueden ocurrir cuando uno o los dos contrayentes carecen de una elemental formación matrimonial y familiar. Porque casarse no consiste solo en tener una pareja fija cada día y noche para fornicar a discreción, ya que de una unión matrimonial de un hombre y una mujer se derivan grandes derechos y obligaciones por parte de ambos, especialmente, en el respeto mutuo, aceptando los roles correspondientes, la fidelidad y la responsabilidad de la crianza y formación de los futuros hijos, aparte de los familiares y sociales. Por todo lo expuesto, Isabel tiene muy claro que todavía no está preparada a nivel de conocimientos conyugales y caseros para poder poner los cimientos a través del matrimonio de la familia que anhela formar a imagen y semejanza de sus padres, abuelos y de otros muchos ejemplos. Ella, en los dos años que piensa dedicar al especial apostolado junto a otros compañeros con experiencias y formaciones diferentes en lejanos países, espera aprender y adquirir una gran experiencia sobre las múltiples relaciones sociales.

Isabel, a pesar de que durante el día se acuerda muchas veces de su familia, amigos y de muchas cosas de España, se encuentra muy contenta y sumamente realizada en una comunidad que las modernas sociedades denominan «subdesarrollada», aunque las supera en solidaridad y sacrificio, no solo por sus comportamientos con los familiares más directos, sino por su ampliación a los demás, sin olvidar a los integrantes del reino animal y vegetal. La comunidad donde Isabel desarrolla su actividad profesional y humanitaria se encuentra ubicada en una conocida ciudad de Latinoamérica, aunque, en realidad, su trabajo, como el de muchos compañeros del país o extranjeros, no se circunscribe a una sola población más o menos densa, sino que con sus clínicas móviles llegan a cubrir grandes extensiones de la región para prestar servicio a un mayor número de asentamientos humanos, incluidos, algunos traslados a diferentes regiones, ya que se generan muchas necesidades de atención sanitaria, mental o médica, no solo por problemas intrínsecos a la salud humana, sino derivados de múltiples clases de violencias ejercidas por los seres humanos a causa de sus múltiples desplazamientos forzados o voluntarios y también originados por difíciles relaciones personales o de grupo. Isabel está muy entusiasmada con el duro trabajo que está desarrollando. Se puede decir que es una mujer incansable y, además, quiere aprovechar este primer año de especial apostolado para conocer al máximo la situación humanitaria y social de la extensa región de América latina, ya que tiene solicitado su traslado para realizar el mismo trabajo durante seis meses en una región de África subsahariana y culminar su singular trabajo durante medio año más en Oriente Medio, regresando finalmente a España con una enorme mochila cargada de sabiduría, experiencia y humanidad de valor incalculable.

Después de dos años realizando un trabajo extraordinario y adquiriendo una valiosa experiencia en diferentes ámbitos sociales, integrados por miles de seres humanos, pertenecientes a continentes y culturas muy diferentes, la joven médica se encuentra nuevamente en España, junto con su querida e inolvidable familia y, además, sumamente satisfecha de las tareas realizadas con gentes que se expresaban en español, francés, árabe o inglés. Ahora, su objetivo fundamental es prepararse para ingresar como médico interno residente, ya que quiere acceder a una plaza de médico especialista en formación, para poder ejercer la Medicina en cualquiera de las instituciones del Sistema Nacional de Salud. Durante los tres o cuatro años que tendrá que dedicar a la referida formación, también se dedicará a ejercer la medicina privada para sobrevivir de forma independiente, sin olvidarse del doctorado, ya que también desea dedicarse a la docencia o investigación.

Cuando la joven facultativa hace partícipe a su familia de todos sus anhelos profesionales, sus padres, hermanos y abuelos siempre quieren saber más cosas de su mimada niña, convertida con el paso del tiempo en una mujer encantadora, cuya jovialidad y simpatía seduce a todos los que tienen la suerte de hablar con ella. Isabel es una mujer de un físico envidiable, con larga y ondulada cabellera negra, ojos grandes y deslumbrantes de color miel, con tonalidades de color verde oliva, según la incidencia de los rayos de luz; sus sensuales labios perfilan una boca perfecta, que cuando sonríe, aparece una bonita dentadura que complementa su singular belleza. Por todo esto y algunas cosas más, Isabel no sabría decir cuántos hombres, de diferentes culturas y continentes, se han enamorado de ella, porque han sido muchos y de *status* profesionales y económicos muy diferentes. Pero ella siempre ha tenido muy claro que todavía no tenía la experiencia y formación suficiente para formar una familia tradicional o patriarcal como la de sus padres o abuelos. De ahí, que siempre les haya dicho a los que tanto la quieren, que no se ha olvidado del matrimonio, como embrión de la futura familia que piensa crear junto al hombre que la haga sentirse muy feliz. Pero ese hombre no puede ser cualquiera, ni mucho menos, algún guaperas de discotecas o un playero exhibicionista, sin olvidar a los presuntuosos de los deportivos y ropas de marcas especiales, por no citar a los pijo-progres de reducido cerebro. Su hombre ideal debería ser paisano, tener unos diez años más que ella, de estatura algo superior a la suya, con un desarrollo varonil armonioso, sólida formación universitaria y un reconocido mérito profesional, orgulloso de ser español y amante y defensor de la familia tradicional. También ha de ser un enemigo convencido de la ideología comunista, sin olvidarse de los secesionistas y de los felones en general. Y, por último, el hombre que se convertirá en el padre de sus futuros hijos deberá disfrutar con todo lo que nos ofrece la naturaleza. Por consiguiente, los corrales, las cercas, los establos, los prados, los bosques, las montañas, los ríos y los mares deben ser sus lugares preferidos. Isabel reconoce que no podría formar un matrimonio clásico, estable y duradero con un hombre que no cumpla todas las condiciones enumeradas, porque sería un matrimonio desigual o entre diferentes, condenado irremediablemente a un seguro fracaso, como ocurre con la mayoría de esas clases de uniones, originando graves consecuencias para los contrayentes y posible descendencia, ya que las roturas matrimoniales causan mucho daño y sufrimiento, no solo a los dos o a uno de los consortes, sino también a unos seres inocentes, como pueden ser los hijos, y que, además, poco o nada tienen que ver con la ignorancia, necedad o estupidez de sus padres, salvo en aquellos casos derivados de la salud de alguno de ellos.

Isabel sabe muy bien que a su futuro marido no lo encontrará en las discoteca, ni en los grandes y populares eventos creados para entretener, manipular y alimentar el reducido cerebro de las masas humanas convertidas en rebaños, sino en ambientes intelectuales, como pueden ser en conferencias o ponencias relacionadas con la conservación de la naturaleza, los animales, los diferentes métodos de cultivos, la importancia de la producción de alimentos, etc. Por consiguiente, tiene muy claro los ambientes y eventos que, a partir de ahora, debe empezar a frecuentar, porque tampoco se trata de escoger un hombre fríamente a primera vista, sino de integrarse en esos ámbitos para relacionarse y empezar a conocer diferentes hombres y, sin ninguna clase de condicionante temporal, esperar a sentir el singular efecto de la flecha de cupido. Cuando la joven médica se ha sincerado con sus padres, hermanos y abuelos contándoles sus objetivos respecto a su futuro matrimonio, todos se han sentido muy satisfechos, y más de uno, cavilando en sus círculos de amistades, rápidamente ha pensado en ejercer de discreta Celestina.

Mis padres siempre nos decían que el tiempo es oro, que hay que aprovecharlo, porque malgastarlo es la mayor estupidez o idiotez que puede cometer el ser humano, aunque este intente justificarlo diciendo que la diversión es la justa compensación del esfuerzo y sacrificio que origina el trabajo y, cómo no, de otros muchos sinsabores que la vida nos da casi a diario. Todo es cierto, porque todo forma parte de la vida de las personas. Es necesario vivir creando ambientes de diversión y felicidad, pero hay etapas en nuestra vida que estamos obligados a esforzarnos y sacrificarnos para lograr una buena formación cultural y profesional, porque, en caso contrario, perderemos un tiempo valioso que jamás recuperaremos y un día nos daremos cuenta de nuestro irresponsable comportamiento por haber querido imitar a las majaretas y pancistas cigarras. Digo todo esto, porque nuestra joven médica, cuando está a punto de cumplir treinta años, ya es doctora en Medicina y titular de una plaza de especialista en la institución del Sistema Nacional de Salud, habla cuatro idiomas, ha trabajado durante dos años en tres continentes diferentes, ha tenido y tiene una vida muy feliz, y no necesita reivindicarse de nada frente a los hombres, porque su cultura, experiencia, formación e independencia económica la igualan en derechos y obligaciones en cualquier Estado de Derecho, sin necesidad de integrarse en rebaños o movimientos feministas, que no siempre defienden derechos de igualdad entre hombres y mujeres, sino que se aprovechan de la ignorancia o grave enfermedad mental que sufren una gran mayoría de féminas, que fácilmente se dejan pastorear por gentes al servicio de ideologías comunistas, totalitarias y criminales, que las tratan como masa fácilmente moldeable para conseguir sus diabólicos objetivos.

La joven doctora Isabel hace más de un año que en el ambiente familiar y gracias a una de sus queridas abuelas, que interpreta muy bien a la popular trotaconventos, conoció y se enamoró de un doctor en veterinaria que cumple todas sus exigencias y alguna más, además, todavía no ha traspasado la barrera de los cuarenta años, pero tiene en su abultada mochila profesional el haber trabajado primero como voluntario y, más tarde, como profesional al servicios de varios Estados de países subdesarrollados. A su edad todavía sigue soltero, porque siempre ha huido de futuros compromisos matrimoniales, ya que su pasión desde que era un niño siempre han sido los animales en general y, en particular, disfrutar de todos los tesoros que ofrece la naturaleza. Ha trabajado varios años en América latina, pero donde ha pasado más tiempo de su vida profesional ha sido en África central, por lo que el idioma francés e inglés le resultan lenguas tan familiares como el español. Ha dado muchas conferencias en países de diferentes continentes, ha escrito cientos de artículos en revistas especializadas y prensa en general y, cómo no, tiene publicados tres libros relacionados con su profesión de veterinario, unido a su gran pasión por todo lo relacionado con el mundo animal y su relación con los seres humanos, junto con la conservación de la naturaleza en general.

Pero José Antonio, que así se llama el doctor veterinario, hace aproximadamente dos años que decidió volver a su pequeño pueblo, que está un poco escondido entre bonitas montañas junto a un río de aguas transparentes o cristalinas y situado muy cerca de la pequeña capital de una de las regiones más ricas de España. Y ahí, a una distancia no superior a tres kilómetros del centro del encantador pueblo, José Antonio compró una pequeña hacienda integrada por una gran vivienda rústica, cuadras, cobertizos, corrales y, una considerable extensión de terreno con algo de bosque delimitado en una gran longitud por el mencionado río, donde los cangrejos y las truchas viven y se reproducen a sus anchas.

En la actualidad, el veterinario, apasionado de la naturaleza y protector de los animales, ha transformado la hacienda, convirtiéndola en una pequeña y singular empresa, con seis trabajadores en nómina y algunos más en periodos puntuales, ya que hay una reducida explotación ganadera, una extensa huerta, un completo vivero de plantas de jardinería, árboles frutales, mucho terreno de cultivo de cereales y grandes zonas de pastos, donde algunas vacas, caballos, yeguas, asnos, ovejas y cabras viven y se reproducen en total libertad. Y en los corrales e instalaciones anexas encontramos gallinas, avestruces, pavos, faisanes, perdices, codornices, conejos y palomas de diferentes razas.

José Antonio ha reformado y condicionado interiormente el gran caserón rústico de dos plantas de altura, convirtiéndolo en una extraordinaria mansión o segunda residencia, ya que su vivienda principal está situada en la plaza mayor del pueblo, muy cerca de la casa de sus padres y hermanos. También ha construido, junto a la vivienda principal, dos pequeños edificios tipo cabañas con aspecto exterior muy rústico, pero extraordinarios y funcionales en su interior. Uno, dedicado a vivienda de invitados y el otro, a oficinas y vivienda ocasional. Aparte de la heterogénea y original empresa que suministra sus variados frutos a restaurantes, comercios y empresas especializadas de la comarca, el ejemplar emprendedor también atiende, puntual y eficazmente, su clínica veterinaria en la capital de la región.

No transcurrió mucho tiempo cuando José Antonio e Isabel se dieron el «Sí, quiero», en una ceremonia eclesiástica católica, apostólica y romana, convencidos de que su unión matrimonial sería para toda la vida. Aunque ambos contrayentes, a pesar de ser cristianos por haber sido bautizados siguiendo las creencias y costumbres de sus padres, ellos se consideran ateos, pero, por respeto y cariño hacia sus mayores, no tuvieron ningún impedimento en celebrar unos ritos establecidos por una iglesia que practica mayoritariamente el fariseísmo. Ambos contrayentes son muy respetados y queridos, no solo en el pequeño pueblo donde viven, en una bonita casa de reciente construcción, sino en la capital donde ambos ejercen su profesión en las clínicas correspondientes. Debido a su especial carisma, solidaridad e interés de servicio a los demás, tanto Isabel como José Antonio, no se han librado del intento seductor de algunos políticos y paisanos para que se integren en sus respectivos partidos políticos o asociaciones independientes que luchan y velan por el bien de la sociedad en general. Pero no están afiliados a ningún partido político, porque consideran que son extrañas empresas con máquinas monstruosas que trituran a la mayoría de las personas que, ingenuamente, entran con el loable afán de colaborar para conseguir una sociedad más libre, justa y solidaria, y, en cambio, son trituradas y convertidas en masa humana fácilmente moldeable, dando lugar a unos individuos fatuos, insolidarios, avariciosos, egoístas, ineptos, autómatas y fieles servidores a los intereses de los principales beneficiarios o dueños de la viejas y monstruosas máquinas de las singulares y diabólicas empresas políticas. En cambio, manifiestan una mayor simpatía, colaboración y solidaridad con aquellas personas que, a nivel particular, exponen sus inquietudes y soluciones sociales o por asociaciones civiles libres de ideologías políticas, especialmente, las denominadas progres, totalitarias o felonas.

Ha pasado casi una década desde que Isabel y José Antonio se unieron en matrimonio, absolutamente convencidos de que esa decisión era sumamente acertada, por la gran atracción que sentían el uno por el otro, por el respeto mutuo, por las grandes coincidencias en sus comportamientos, derivadas de su formación, por sus principales deseos y, sobre todo, por la inmensa felicidad que sentían cuando pensaban en la gran familia que querían crear. Y no se equivocaron, porque cuando la doctora Isabel está a punto de cumplir cuarenta años, ya es madre de cuatro hijos, dos niños y dos niñas, que para ella y su marido son cuatro tesoros de valor incalculable, y que les hacen sentirse extraordinariamente felices, especialmente, cuando casi todos los fines de semana, sus padres, hermanos, sobrinos y, muchas veces, inseparables amigos se reúnen en el corazón de la hacienda que José Antonio compró y transformó para que, aparte de fundar una singular empresa, sirviera de lugar de encuentro familiar o pequeño paraíso terrenal en medio de una especial naturaleza. Isabel también complementa su feliz existencia con la gran satisfacción que le produce la extensa divulgación en diferentes revistas de sus muchos escritos relacionados con su especialidad médica, pero, especialmente, el éxito literario que la obliga a dar cursos y conferencias, no solo en España, fue la publicación de un exitoso libro de características enciclopédicas, donde desarrolla la preparación personal y comportamientos que debería tener cualquier mujer que quiera unirse a un hombre en matrimonio tradicional o de características patriarcales.

La doctora Isabel, junto con otras amigas especialistas en psicología y sociología, casadas hace más de dos décadas, madres de varios hijos y muy satisfechas de su matrimonio, ante el gran éxito de las referidas conferencias y de otras enseñanzas, fruto de tradiciones y experiencias vividas, terminaron organizando cada año un curso de orientación matrimonial, exclusivo para mujeres solteras, cuyo objetivo o anhelo fundamental sea crear una familia a través del matrimonio clásico o tradicional, similar al de sus mayores y con las máxima garantías de acierto hasta el final de sus vidas.

JULIÁN, EL POLÍTICO

Cuando Julián cumplió los veintiún años, sus padres nos decían que hablaba muy bien cuatro idiomas, devoraba los libros y pensaban que estaba en ciernes un intelectual nato y, por supuesto, un economista, ya que solo le faltaba un curso para terminar la licenciatura de Ciencias Económicas. También quiere licenciarse en Derecho, hacer oposiciones para obtener una plaza de profesor universitario, doctorarse en Derecho Constitucional y, a continuación, estudiar muy a fondo la Constitución Española para promover a nivel nacional la reforma de la misma, ya que detesta el actual sistema de partidos políticos, el Estado de las Autonomías y la existencia oficial de partidos políticos comunistas disfrazados con múltiples caretas, secesionistas y demás traidores.

Julián, desde su adolescencia, siempre ha sentido una gran satisfacción trabajando en la consecución de ambientes de máximo bienestar general que beneficien a las personas y, por supuesto, a la sociedad; de ahí, sus continuas colaboraciones con organizaciones que se dedican a ayudar a comunidades o personas en graves situaciones sociales, derivadas de tragedias naturales o provocadas por los hombres. Por estas y otras circunstancias, la familia y amigos de Julián siempre lo han admirado y están encantados con su responsable comportamiento a nivel individual, familiar y social.

Julián, desde los dieciocho años, ya militaba en un partido político junto con su hermano Fernando, aunque ambos coinciden en que la mayoría de las actuales organizaciones políticas están destruyendo la nación española, ya que, a medida que pasa el tiempo, la situación política, económica y social se agrava por culpa de la felonía mayoritaria de una clase política apátrida, vividora y arribista, que crea unos poderes estatales interdependientes, irresponsables y corruptos, y, además, se ocultan o parapetan en interesadas interpretaciones de nuestra Constitución, realizadas por tribunales de justicia elegidos por esos políticos. Por todo lo anterior y, después de más de cuarenta años de vigencia de nuestra Ley de leyes, ha quedado demostrado que su reforma es absolutamente necesaria, ya que la organización territorial del Estado en Comunidades Autónomas ha dado origen a diecisiete pequeños estados o taifas, muy saturadas de felonía y corrupción en su lucha por la independencia, promovida por los múltiples partidos comunistas y secesionistas, que deberían estar prohibidos constitucionalmente, ya que resulta bastante absurdo que el Estado proteja y ampare a los que ansían su destrucción, causando un gravísimo perjuicio al resto de ciudadanos que lo defienden y mantienen. Fernando y Julián están de acuerdo en que si la Constitución Española no se reforma urgentemente, creando un solo Estado Central, España desaparecerá como nación y, por supuesto, los españoles dejaremos de ser iguales ante la ley; de hecho, ya no lo somos en muchas regiones por culpa de los diferentes Estatutos de las Autonomías y la detestable dejadez de funciones del Estado y sus representantes, que tienen el deber de garantizar que todos los españoles tengamos los mismos derechos y deberes en cualquier rincón de España.

Como ya sabemos, a Fernando le apasiona la política municipal y a ella se dedica con ahínco para lograr un servicio óptimo que beneficie a sus compatriotas, enaltezca a su ciudad y, también, a su nación. A Julián, aparte de apasionarle la Historia de España, la Universal, la economía, las ciencias políticas, las leyes en general, las relaciones sociales, la enseñanza y la política municipal, su máxima aspiración es lograr ser un célebre catedrático de Universidad y un honrado y prestigioso político español. De momento, seguirá con sus estudios, su cargo de concejal y con sus actividades privadas como profesor en una academia, para asegurarse una economía mínima que le permita vivir con una cierta independencia.

Cuando le faltan pocos meses para cumplir treinta años, Julián se encuentra muy satisfecho de toda la formación universitaria, cultural y profesional adquirida con tesón, esfuerzo y sacrificio, sin haber obviado la práctica de sus deportes favoritos, como son: el fútbol, la natación y otras actividades practicadas en plena naturaleza. Y todo ello sin olvidar a sus mejores amigos, sus relaciones sociales, viajes, diversiones y, cómo no, sus muchos amoríos, sin objetivos matrimoniales. La sinceridad y lealtad son valores innatos en el personaje, de ahí, que sus amigas, más o menos íntimas, siempre hayan tenido muy claro que para Julián el matrimonio es algo muy lejano todavía, porque antes tiene objetivos mucho más importantes que realizar, por esto, ninguna fémina se puede haber sentido engañada cuando este ha desaparecido bruscamente de su vida sentimental al detectar un cierto peligro de compromiso marital. Julián siempre ha tenido, y sigue teniendo, de forma muy diáfana, que no puede unirse formalmente a ninguna mujer con perspectivas nupciales, porque cuando esta adquiere la categoría oficial de esposa, casi siempre, cambia su talante y hace que su cónyuge pierda o merme su libertad, pasando a una situación de siervo doméstico mimado mientras mantenga un comportamiento sumiso a todos los disparatados caprichos de su dulce o malvada esclavista, ya que, en caso contrario, la injusta, discriminatoria y anticonstitucional ley de violencia de género lo situará entre rejas, sin tener derecho ni siquiera a la presunción de inocencia. Por lo general, la ideología comunista disfrazada de feminista, de igualdad, de ecologista y de muchas cosas más está logrando una transformación en el comportamiento de la inmensa mayoría de las mujeres españolas, especialmente, en la masa más sectaria, inculta o ignorante, que hace que muchos hombres se acerquen a ellas con mucho recelo, especialmente, Julián, que no se fía de casi ninguna y, menos aún, de las solteras; causa por la que ninguna mujer pernocta más de una noche en su flamante y extraordinario piso ubicado en la pequeña y bonita capital donde reside, aparte de que en su mesita de noche nunca faltan los preservativos y, tampoco, en sus bolsillos.

Julián ha logrado, hasta la fecha, extraordinarios objetivos que se había propuesto, ya que tiene las licenciaturas de Ciencias Económicas y también de Derecho, es doctor en Derecho Constitucional y catedrático en la Universidad de la capital donde vive. Además, domina los idiomas: español, inglés, francés y alemán. También entiende alguna de las variopintas lenguas regionales españolas, que, desgraciadamente, en vez de enriquecer la cultura nacional, terminan sembrando la cizaña entre los ciudadanos por acentuar los enfrentamientos y la discriminación entre los mismos, originadas por el antieconómico e infame estado autonómico. A nivel político y después de militar más de un lustro en un partido político nacional, bajo cuyas siglas o ideología fue concejal de su pueblo durante una legislatura completa y debido a los cambios estratégicos e ideológicos impuestos por la nueva ejecutiva, Julián decidió un día romper en muchos trozos, tantos como miembros integrantes del nuevo sanedrín del partido político, el carné que le acreditaba como honrado militante, y los tiró al váter, porque las acreditaciones de los organismos traidores no merecen ser ni siquiera incineradas. Julián no podía seguir militando en un partido político donde la cobardía y la traición de la mayoría de sus principales dirigentes, junto con el ejército de arribistas y vividores, convirtieron los estatutos y los programas electorales solo en señuelos para gentes de buena fe o perezosos mentales, porque pudo comprobar cómo se difuminaba la defensa de la nación española, del idioma español, de la familia tradicional, del derecho a la vida, del sistema de bienestar social, de la sanidad pública, del derecho al trabajo, de una justicia independiente… En definitiva, de un Estado de Derecho con separación de los tres poderes básicos, como son, el ejecutivo, el legislativo y el judicial.

Julián no abandonó su militancia en el único partido político al que había pertenecido desde los dieciocho años, a consecuencia de algunas típicas rabietas de la juventud, sino que, ingenuamente, esperó, confió e intentó poner su granito de arena para tratar de conseguir que su grupo político abandonara su actitud temerosa, hipócrita y acomplejada frente al comunismo y sus marionetas, al nacionalismo secesionista, separatista o golpista catalán, vasco, gallego o balear, que muchos españoles padecían cada día con más intensidad y actuara de forma contundente, defendiendo el estricto cumplimiento de nuestra Constitución. Ingenuamente, también llegó a exigir que si en el partido había algún arribista, impostor, corrupto o felón infiltrado con aspiraciones de cacique nacional, regional o local había que expulsarlo a puntapiés sin ninguna consideración.

Finalmente, llegó a la conclusión de que si un partido político de ámbito nacional no es capaz de defender y garantizar a sus militantes, simpatizantes, votantes y a todos los ciudadanos españoles en general, conceptos y derechos tan esenciales como:

- Nación española: ente indivisible, soberano y patrimonio de todos los españoles.
- Idioma Español o castellano: el mayor tesoro o herencia que podemos dejar a nuestros hijos o descendientes, conseguido con el esfuerzo y sacrificio de nuestros antepasados durante bastantes siglos y, además, porque es el idioma que nos une y nos hermana con casi seiscientos millones de personas en todo el mundo.
- Familia tradicional: surgida del matrimonio o unión entre un hombre y una mujer, que constituye una institución muy valorada en nuestra cultura occidental grecorromana e incomparable en honor, derechos y obligaciones, a cualquier otro tipo de unión marital de convivencia existente en la parte doliente o decadente de la sociedad actual.
- Derecho y libertad de todos los españoles para poder trabajar en cualquier pueblo o rincón de España: sin que gentes aldeanas o felones interesados por las autonomías o taifas coarten la libertad que corresponde a todos los ciudadanos de un Estado de Derecho libre y soberano.
- Derecho de todos los españoles a recibir sus enseñanzas o formación en el idioma español o castellano, por ser la lengua común de todos los ciudadanos de la nación española.
- Derecho a conocer, a través de las enseñanzas, la Historia

de España y toda la riqueza de nuestra herencia cultural e histórica, para que todos los españoles nos sintamos orgullosos de nuestra patria, de los símbolos que la representan y de nuestros antepasados.

Ese partido político no merece que tenga militantes honrados y honestos ni, mucho menos, votantes que amen y defiendan lealmente a la nación española y sus símbolos: la familia, la libertad, la justicia, la lengua común, la herencia histórica, las fronteras y el derecho a ser tratado como ciudadano libre y no como siervo o súbdito.

Julián ahora milita en otro partido político de implantación nacional con el que se siente más identificado en la defensa de sus ideas, pero duda de tener aseguradas sus garantías constitucionales para poder demandar ante los tribunales de justicia el posible incumplimiento de los contratos escritos o verbales que los partidos políticos adquieren con los ciudadanos. Anhela que las listas de votaciones de las distintas consultas electorales sean abiertas, para intentar eliminar la corrupción o la dictadura de los órganos ejecutivos de los partidos políticos. Pero, sobre todo, ansía la existencia de una nueva legislación que conceda y garantice a cualquier ciudadano, que cumpla determinados requisitos, todos los medios oficiales correspondientes, bien sean económicos o burocráticos, para poder presentarse a nivel individual a los distintos comicios electorales. De esta forma se establecería una justa y transparente participación democrática de todos los ciudadanos que quisieran servir e integrarse en el conjunto de los diferentes órganos de gobierno de España, bien sea a nivel local, provincial o estatal. Además, considera que el actual sistema electoral de listas cerradas y bloqueadas, confeccionadas generalmente de forma dictatorial por órganos o reyezuelos políticos, no garantiza la participación democrática y solo sirve para apuntalar a una sociedad con unas estructuras de gobierno ruinosas, donde adquieren carta de normal naturaleza los incumplimientos reprobables de los estatutos y programas electorales de los actuales partidos políticos. Y, además, esas organizaciones políticas generan unos pactos o alianzas contra natura sin ninguna clase de escrúpulos a cambio de tener influencia y poder a cualquier precio, creando, al final y en nombre de lo que la inmensa mayoría de los partidos políticos, incluidos los medios de comunicación y los poderes fácticos, denominan «democracia», un detestable tinglado de gobierno sustentado por millones de ciudadanos convertidos en ovinos, que son fácilmente pastoreados por miles de sectarios, arribistas, ineptos, corruptos y mediocres charlatanes de trasnochada y criminales ideologías políticas, muy bien alimentados en diferentes «pesebres políticos».

Julián todavía no se hace a la idea del tiempo que tendrá que pasar para que en España se cumplan sus aspiraciones, pero, mientras tanto, colaborará con ahínco para intentar lograr que su partido político alcance el poder correspondiente para poder implantar muchas medidas de gobierno, que darían como resultado el cumplimiento de otros tantos de sus grandes deseos. Él se ha leído muchas veces los estatutos y los programas electorales de su organización política y los defiende con vehemencia, por esto, no pierde ocasión en exponer a los amigos y a todas las personas que quieren escucharlo aquellas medidas que, llevadas a la práctica, causarían grandes beneficios a todos los ciudadanos, desde la educación en general, la protección del estado del bienestar social, la convivencia armónica, la unidad nacional, la protección de nuestras fronteras y, sobre todo, el orgullo de sentirse españoles.

Para Julián no existen días festivos ni vacaciones, sus grandes pasiones son sus clases de Derecho Constitucional en la Universidad, impartir conferencias, leer libros de Historia y colaborar en multitud de reuniones y actos públicos, más o menos numerosos, para dar a conocer y tratar de convencer a muchos españoles que su movimiento o partido político es el único de los actuales que garantiza aquellos conceptos y derechos esenciales que su anterior organización política no defendió en la práctica por no creer en ellos, por cobardía o por corrupción. En cambio, cuando lee y relee muchas de las medidas que su nuevo partido político garantiza hacer efectivas si llega al poder, le entran muchas más ganas de trabajar para servir mejor a sus compatriotas. Muchas de esas medidas que enardecen a Julián están relacionadas con la unidad y la soberanía de España, con la supresión del Estado de las Autonomías, con la recuperación inmediata por parte del Estado de las competencias autonómicas de educación, sanidad, seguridad y justicia, con la defensa de un auténtico Estado de Derecho con separación real de poderes, con la defensa de la vida y la familia tradicional, con el derecho de todos los españoles a ser educados en el idioma español como lengua vehicular, con el derecho y libertad de todos los españoles para poder trabajar en cualquier pueblo o rincón de España, con la protección de la Historia, de la cultura, de las tradiciones, etc.

Julián está terminando de leer el libro de *Memoria del Comunismo – De Lenin a Podemos*, de Federico Jiménez Losantos; previamente, también ha leído los libros: *El Libro Negro del Comunismo* de Stépháne Courtois, Nicolás Werth, Jean-Louis Pánné,

Ándrzej Páczkowski, Karel Bartosek y Jean-Louis Márgolin, y también, *Archipiélago Gulag I y II* de Alexander Solzhenitsyn. Además de algunas biografías de Santiago Carrillo, Fidel Castro, Lenin, Trotsky, Stalin, Karl Marx, Mao Zedong, Pol Pot, Che Guevara y algún otro sanguinario comunista, causantes de asesinatos en masa, deportaciones y de más de cien millones de personas asesinadas por obrar de forma diferente a los postulados de la ideología marxista o comunista que elaboró Karl Marx.

Julián, cuando reflexiona sobre todas las atrocidades cometidas durante más de un siglo por los ideólogos y mercenarios comunistas y los movimientos u organizaciones políticas derivadas de esa ideología marxista-comunista, no puede entender como todavía en el siglo XXI en España y después de ganar una guerra al comunismo, se toleran y se blanquean partidos de extrema izquierda o comunistas mutados que cambian de nombre y también de casaca, porque no quieren que se les imputen tantas crueldades cometidas en nombre de una ideología criminal y totalitaria. Pero lo que resulta aterrador es que haya millones de ciudadanos, unos inmensamente ignorantes, otros sectarios o, desgraciadamente, aborregados o adoctrinados, llenos de odio o rencor y, los menos, pero más afortunados, los que viven como grandes terratenientes a costa del analfabetismo de los primeros y de la fatalidad o inquina de los segundos, sin olvidar a los destructores, verdugos o enfermos mentales a causa de la fobia que les produce todo lo que se mueve a su alrededor.

Julián tampoco entiende por qué todavía no se ha llevado a la práctica en todos los países europeos una contundente condena del comunismo, de sus símbolos, de sus múltiples exaltaciones y saludo del puño en alto, igual que se hace con el nazismo o el fascismo y todas sus simbologías, manifestaciones y saludos. Es cierto que el día 19 de septiembre del 2019 el Parlamento Europeo igualó oficialmente los asesinatos en masa, genocidios y deportaciones de los regímenes instaurados por el nacional-socialismo en Alemania y el comunismo en Rusia; esta decisión es juiciosa y esperemos que sea llevada a la práctica de forma valiente e inmediata, sin que lo impidan algunos poderes facticos y sus medios de comunicación afines, que tanto daño están causando a las últimas generaciones de españoles. De todas formas, jamás debemos olvidarnos de que el poder aniquilador de Stalin durante sus treinta y tres años de mandato fue terrible, ya que ajustició a más de cien millones de seres humanos, mientras que Hitler, durante sus seis años de poder, exterminó a seis millones de personas.

Lo que tampoco comprende Julián es la posición felona y pusilánime de una mayoría de la Iglesia católica española frente al comunismo, al Estado de las Autonomías, al aborto y, en especial, hay que resaltar la inmensa ingratitud y cobardía con relación a la reciente profanación estatal del sepulcro del general Francisco Franco Bahamonde, jefe del Estado Español durante 40 años y salvador indiscutible del exterminio de la Iglesia católica y de sus feligreses en España, si no hubiera vencido al comunismo en una guerra criminal y fratricida, provocada por unos dirigentes políticos traidores, socialistas y comunistas, que se convirtieron en despreciables capataces a las órdenes del tirano y sanguinario Stalin.

Respecto al Estado de las Autonomías es verdad que la religión y la política son poderes diferentes, pero no tan independientes como predican cínicamente, cuando a ambos les conviene, como lo demuestra la Historia en multitud de ocasiones y circunstancias. Pero hay situaciones políticas que generan grandes injusticias y discriminaciones sociales, que provocan desigualdades sociales que conducen, la mayoría de las veces, a soluciones violentas con grandes pérdidas de vidas humanas, esto lo saben muy bien los sacerdotes, los obispos y demás jerarcas católicos, sin olvidarnos del Papa; pero, en vez de predicar lo que realmente conviene y beneficia a los ciudadanos, muchos se adhieren como lapas a lo llamado «políticamente correcto» o «progre», aunque sea contraproducente e injusto y colaboran activamente en la creación y consolidación de taifas o bandas que no sienten ninguna clase de escrúpulos en destruir la herencia de nuestros mayores, aunque esto produzca un gran malestar social a nivel nacional y alimente un conflicto de gravísimas consecuencias entre los españoles.

Julián lamenta también que el Estado Español esté provocando una lenta autodestrucción y un inmenso daño a varias generaciones de españoles por haber cedido las competencias de educación a los gobiernos de las Comunidades Autónomas y haber quedado demostrado, después de algunas décadas, que la mayoría de sus gobernantes han traicionado los elementales principios constitucionales, creando sus republiquitas, nancioncitas o minúsculos estados para erigirse en peligrosos basiliscos para los ciudadanos.

Julián tampoco perdona a ningún católico y, menos aún, el comportamiento cínico y abominable de la mayoría del clero de la Iglesia católica, apostólica y romana, que, frente a muchos miles de ejecuciones de seres vivos prisioneros e indefensos en úteros indignos convertidos en mazmorras, solo se atreven a realizar excelsas, hipócritas y pomposas declaraciones de condena. Recordemos que en España se practican más de 100 000 abortos, o acciones violentas, al año, contra unos seres vivos pertenecientes a la raza humana, todas ellas con resultado de muerte y practicadas en los vientres de una mayoría de mujeres infames. Pensemos también en las bendiciones que imparten la mayoría de los fariseos eclesiásticos a los gobernantes responsables de las citadas acciones criminales o eliminatorias de miles de seres vivos en fase de desarrollo, condenados a la pena capital por la infame decisión de la que tendría que comportarse como una verdadera madre y de algún indeseable más. Tampoco se deben olvidar los recibimientos que esos cínicos con mitra o sotana les dispensan con mucha sumisión, boato y reverencia en sus palacios, catedrales o iglesias a los máximos responsables de los execrables métodos de exterminio de seres vivos, pertenecientes al género humano en fase de crecimiento, intentando llegar a su nacimiento para convertirse en unos habitantes más de nuestro planeta Tierra.

Sinceramente, todo esto a Julián le produce unas inmensas náuseas, seguidas de vómitos muy difíciles de contener. Y piensa que si la mayoría de los predicadores y fieles católicos, apostólicos y romanos no fueran tan hipócritas, cobardes y vividores, deberían pensar que 100 000 cadáveres de fetos o bebés uterinos pueden llenar catedrales o iglesias hasta las claves de las cúpulas o de los arcos y, en consecuencia, todas las catedrales, iglesias o ermitas deberían revestirlas con crespones negros en señal de luto por tantos inocentes sacrificados.

A Julián le encanta reunirse asiduamente con sus hermanos, Isabel y Fernando, aparte de las inexcusables reuniones familiares de cada mes, donde se juntan sus abuelos, sus padres y algunos amigos entrañables. En esas reuniones fraternales, los hermanos manifiestan con gran entusiasmo los diferentes resultados que cada uno está consiguiendo en sus objetivos personales, como ciudadanos responsables; no solo para conseguir ser unos hijos ejemplares de los que sus progenitores se sientan orgullosos, sino unos profesionales de reconocido prestigio y, además, lograr ser considerados unos colaboradores comunitarios muy valorados y admirados por los compatriotas a los que, vocacionalmente, les encantan servir.

Julián ha pedido consejo a sus hermanos sobre la última petición que le han hecho en su partido político sobre la necesidad de participar en las próximas elecciones generales, ocupando uno de los primeros puestos por la capital de la pequeña y próspera región donde viven. Tanto Isabel como Fernando no han dudado en animarlo para que comunique sin demora a la ejecutiva de su organización política su consentimiento para ser un integrante más de la correspondiente lista electoral, ya que, conociéndolo, están seguros de que España se beneficiará de un excelente y joven diputado, un profesional extraordinario y, sobre todo, de una gran persona. Los tres hermanos han valorado las consecuencias familiares, profesionales, políticas y sociales, que pueden padecer si, finalmente, es elegido diputado por un partido político que defiende un auténtico Estado de Derecho y social, donde no tengan cabida las organizaciones felonas, separatistas, ni tampoco las comunistas, aunque se disfracen de margaritas. Alguien puede pensar que sería injusto privar a unos ciudadanos españoles de su derecho de libertad para actuar a su libre albedrío, lo justo sería llamarlos «antiespañoles» o «víctimas de enseñanzas sectarias corrompidas», pero lo cierto es que no se puede amparar constitucionalmente a unos seres irresponsables o miserables que atentan contra la nación española, extraordinaria herencia de nuestros mayores o antepasados, para que los españoles bien nacidos sigan defendiéndola y enalteciéndola.

Después de varios días de reflexionar sobre las valoraciones realizadas respecto a las próximas elecciones generales y la situación política en España, los tres hermanos decidieron comunicar la noticia en la puntual reunión familiar, donde se expresaron felicitaciones, ánimos y mucha suerte a Julián para que trabajara con mucho tesón, como siempre hace, y así poder ser elegido representante en el Congreso de los Diputados o cámara baja de las Cortes Generales Españolas, donde la mediocridad intelectual, profesional y personal de sus integrantes, excepto honrosas excepciones, está en una escala muy similar a la existente en cualquier empresa de limpieza municipal, sin contar a los sectarios y enfermos mentales contagiados por el odio o por ideologías criminales; aunque todos ellos aupados a un estúpido estrellato televisivo y demás medios de comunicación subvencionados, encargados de servir a través de sus licenciados mercenarios sin escrúpulos, mucho forraje fresco al respetable rebaño humano. En definitiva, esto es lo que piensa la gran familia y amigos queridos de Julián, porque todos tienen muy claro que el valor de la herencia recibida de nuestros antepasados, como son la patria, la nación, el Estado, las tradiciones, la familia, la propiedad, etc., no se puede olvidar, ni mucho menos despedazar o destruir. Además, consideran que hombres como Julián son los que deberían representar a todos los españoles en la Cortes Generales, ya que resulta fraudulento o detestable que personas de ínfima formación intelectual, ineptos o sin experiencia profesional e, incluso, asalariados de ideologías destructivas formen parte de la citada institución. La familia está plenamente convencida de que solo con esfuerzo y sacrificio se han de conseguir los objetivos propuestos para convertirse en ciudadanos de primera o aspirantes a servir a la nación y a sus ciudadanos. Por consiguiente, no pueden venir vividores con ideologías execrables fracasadas o sumamente incompetentes e ignorantes a intentar gobernar una nación como España. De ahí, que todos los reunidos estén de acuerdo en que la Constitución Española, después de cuarenta años de vigencia y a la vista de la situación política actual, debe ser reformada con urgencia para evitar causar unos daños irreparables a millones de españoles.

Fernando, Isabel y Julián adoran a sus padres y abuelos, porque gracias a sus vidas ejemplares de esfuerzo, sacrificio, amor y mutuo respeto consiguieron construir unos sólidos trampolines para que sus hijos, siguiendo sus instintos vocacionales, sin olvidar que en esta vida no se consigue nada de forma honrada, sin esfuerzo y sacrificio, pudieran lograr la formación personal, intelectual y profesional que hoy tienen. Ellos se alegran mucho de haber tenido siempre en cuenta los consejos de sus mayores, huyendo de influencias de extraños amigos o de organizaciones sociales, cuyos principales objetivos son captar a personas de bajo nivel intelectual o gente inmadura en periodo de formación para convertirlos en rebaños humanos y sacarlos de la cerca a protestar por lo que en cada momento les convenga a sus explotadores, pastores o gañanes.

Ya han pasado casi dos décadas de las últimas reflexiones familiares y amigos fraternales de Julián sobre la conveniencia o no de que este se presentara como candidato a diputado de las Cortes Españolas y hay que afirmar que, cuando todavía le faltan dos o tres años para cumplir cuarenta años, Julián se ha convertido en un veterano diputado, ya que está casi en el final de su segunda legislatura. Han sido casi ocho años de una prolífica actividad política que le ha permitido visitar importantes países de los cinco continentes y, también, formar parte de distintas comisiones de trabajo, encargadas de elaborar muchas propuestas de nuevas leyes y de todas las actuaciones encargadas de solicitar la derogación de leyes tan discriminatorias, injustas y dañinas para la normal convivencia de los españoles, como son la ley de violencia de género, de memoria histórica, de partidos políticos, de elecciones, del aborto, etc. Pero la que ha tenido una especial relevancia, sin menospreciar la importancia de las citadas, ha sido su colaboración en la redacción de la propuesta para reformar varios artículos de la Constitución a cargo de una comisión integrada por prestigiosos intelectuales, políticos, profesionales e intachables ciudadanos. En la propuesta de reforma constitucional que su partido político presentará en el Congreso de los Diputados y su posterior envío al Senado, en caso de aprobación, desaparece de los correspondientes artículos de la Constitución todo lo referente a las Comunidades Autónomas, a las nacionalidades, a los partidos políticos comunistas con sus diversas denominaciones, herederos o defensores de terroristas, regionales, separatistas y subvenciones a incoherentes organizaciones sociales, sindicales, civiles y religiosas. También se cambiará la ley electoral para hacerla más justa y representativa, evitando que organizaciones políticas con ínfimos apoyos sociales tengan representación en las Cortes Generales. Todo lo enumerado solo constituye una minúscula pincelada de la reforma constitucional elaborada, ya que ha afectado a casi todos los títulos, capítulos y artículos de nuestra Constitución.

Julián, en estos casi ocho años de diputado y después de haber vivido dos intensas y agotadoras campañas electorales recorriendo todos los rincones de España, ha podido comprobar la incalculable honradez, altruismo y lealtad de una inmensa mayoría de españoles, sin distinción de su lugar de nacimiento. Pero, desgraciadamente, también ha llegado al convencimiento de que la actitud e influencia de muchas instituciones, organizaciones y medios de comunicación, gravemente enfermos o corrompidos hasta los tuétanos, son capaces de adoctrinar fácilmente a los ciudadanos más vulnerables de la sociedad, a causa de su avaricia, felonía, analfabetismo, comodidad, irresponsabilidad o cobardía, convirtiéndolos en personas indignas de ser consideradas españolas. Y si esta afirmación no es cierta, entonces, ¿cómo se justifica que jóvenes profesionales, adolescentes en periodo de formación y universitarios odien fanáticamente a todo lo que significa y representa España, y, peor aún, a todos los que se sienten orgullosos de ser españoles? Este comportamiento solo se corresponde con las personas que enferman mentalmente o enloquecen cuando sus cerebros son inoculados con ideas o sustancias tóxicas. Y lo grave es que esta ponzoña ha sido suministrada de forma lenta y constante durante cuarenta años a causa de unos gobiernos felones y unos poderes encargados de interpretar a conveniencia la Constitución para servirlos mejor. Por todas estas graves consecuencias y muchas más, la Ley de leyes se ha de reformar inexcusablemente, si no queremos que España desaparezca y, en su lugar, surja un enorme frenopático con múltiples departamentos autónomos, donde los trastornados mentales se autoeliminen empuñando las armas como si fueran sus fármacos salvadores, ya que habrán acabado con las pocas personas juiciosas o doctores encargados de remediar sus males.

Julián culpa al Estado, a sus integrantes o gobernantes y a toda su maquinaria de ser los responsables directos de que una mayoría de la juventud española se avergüence o sienta miedo de expresar públicamente su orgullo de ser español cuando debería ser todo lo contrario, como ocurre en todos los países del mundo civilizado. En cambio, estos mismos individuos se pavonean con su gentilicio regional, incluidas sus banderitas y símbolos, y, además, se envalentonan atacando a todo lo que representa la nación española en compañía de muchos de sus mayores. Esta actitud es una consecuencia evidente del grave deterioro del sistema educativo español implantado por los diferentes gobiernos de las Comunidades Autónomas, especialmente, en aquellas regiones donde los partidos comunistas y su títeres, separatistas y felones, se han adueñado de los poderes del Estado español o central, a causa de la irresponsabilidad, corrupción o cobardía de muchos de sus integrantes, de aquí, que la desaparición del Estado de las Autonomías sea de urgente necesidad. Y, como resultado de esa sectaria y deficiente educación formativa, tenemos grandes masas de individuos analfabetos, adoctrinados y programados para actuar o votar a partidos políticos que ni siquiera los representan, ni tampoco defienden sus intereses y lo más grave de todo esto es que su sectarismo, odio o ignorancia los hace votar ciegamente a favor de partidos políticos que atentan abiertamente contra la unidad de España, sin que el gobierno central de la nación aplique, con todas sus consecuencias, los artículos correspondientes de la Constitución, para que las citadas organizaciones políticas no tengan ningún espacio legal en la Constitución Española, por atentar contra el marco institucional establecido en la misma.

De acuerdo con la intolerable situación política existente en España, la cual se ve reflejada en el Parlamento como si de un espejo se tratara, es lógico que muchos integrantes de este o diputados, a la hora de defender la unidad de España o derogar leyes injustas o dañinas para la concordia nacional, sumen sus votos, no para defender lo que más conviene a los ciudadanos que representan, sino a sus partidos políticos o intereses particulares. Con una composición del Congreso de los Diputados extremadamente heterogénea, donde la suma de los diputados pertenecientes a partidos políticos comunistas, separatistas, felones y pancistas supera ligeramente a los que defienden la unidad de España, la igualdad, la libertad, la justicia, la concordia, la supresión del Estado de las Autonomías y las leyes injustas y discriminatorias; por consiguiente, resulta muy difícil poder aprobar leyes que cambien el enloquecido rumbo de autodestrucción que han tomado desde hace varias décadas las Cortes Generales Españolas, por culpa de dar cabida en la Constitución a unas organizaciones políticas que, durante cuarenta años, han demostrado cuáles son sus detestables objetivos con respecto a todo lo que significa la unidad de España y su Constitución.

Julián sabe que la reforma de la Constitución Española requiere el estricto cumplimiento de los artículos: 166, 167, 168 y 169 del título X de la misma, por lo que se hace imposible, con la composición actual de las Cortes Generales; aunque no pierde la esperanza de que en las próximas elecciones generales, las actuales fuerzas políticas antiespañolas sean mermadas en las urnas, gracias a la inteligencia, la cordura y el despertar de una aplastante mayoría de españoles desengañados, porque, en caso contrario, duda de que España, como nación, patria común e indivisible de todos los españoles, continúe existiendo. Si en las citadas elecciones generales no saliera una mayoría suficiente de diputados para poder reformar la Constitución, entonces, Julián llegará al pleno convencimiento de que serán necesarios muchos años para lograr deshacer el camino equivocado recorrido y, para ello, los nuevos autores deben estar dirigidos y coordinados exclusivamente por nuestro Estado central, social y democrático de Derecho, que nunca debió abdicar o delegar de sus principales competencias, entre ellas, la educación y formación de todos los ciudadanos. Sin olvidar, la infame función realizada por muchos medios de comunicación, que tanto daño han causado en las últimas décadas a los españoles en general, y lo grave es que lo continúan haciendo, gracias a gobiernos corruptos, traidores o cobardes.

En los últimos meses de la actual legislatura, Julián está destinando todo su tiempo libre a estar con su familia, especialmente, dedica muchas horas a conversar con su hermano Fernando, porque le apasiona la transformación que él y su equipo de gobierno municipal están haciendo de su ciudad. El diputado se siente muy orgulloso de la extraordinaria labor que su hermano está realizando como alcalde; aunque los trabajos que sigue de forma muy exhaustiva y con gran entusiasmo son los relacionados con el pequeño complejo urbanístico residencial denominado Paradisus o Ciudad de los mayores, el parque de la Historia de España y los talleres de oficios en peligro de desaparición, incluidos, los relacionados con la agricultura a través de sus exitosos huertos.

Otro logro de Fernando que Julián considera extraordinario es haber conseguido el gobierno municipal del pueblo sin la cooperación de ningún partido político, ya que supo desplazarlos ganándose la total confianza de casi todos sus paisanos. Cuando Julián piensa en la extraordinaria obra física, social y política que su hermano está realizando en su pueblo, aparte de sentirse muy orgulloso de él, también piensa en cómo podría trasladar e implantar esa creación política a nivel nacional, porque, a pesar de militar en un partido político que defiende sus ideas y en cuya consecución trabaja de forma leal y activa, Julián, cada día que pasa, está más convencido de que muchas de las instituciones de poder que en la actualidad dirigen los destinos de España o del mundo civilizado, como son los partidos políticos, las religiones, las emanadas de la arcaica nobleza y los poderes fácticos, deben desaparecer de la vida pública y refugiarse para siempre en las bibliotecas, con el fin de que puedan ser estudiadas con detenimiento por las honradas y leales generaciones venideras para que puedan imposibilitar su resurgimiento.

No hace muchos días, Julián participó en la reunión y comida familiar que cada mes reúne a tres generaciones, o sea, abuelos, padres, hijos y nietos. Estas celebraciones tienen unos efectos incalculables a nivel fraternal y, por supuesto, de respeto y concordia generacional, ya que todos se encuentran muy realizados a través de sus esfuerzos y sacrificios al comprobar sus respectivos triunfos y reconocimientos, especialmente, los abuelos, por sentirse plenamente integrados en la gran familia creada, merecedora de tal denominación, por el gran respeto y cariño que les manifiestan todos los integrantes. Julián aprovechó el día festivo familiar para ponerlos al corriente de todo lo que pasaba en el Congreso de los Diputados, también contestó a bastantes preguntas sobre algunos diputados que la mayoría de los medios de comunicación *empesebrados* denominan líderes políticos y, por supuesto, Isabel y Fernando no se quedaron atrás, porque ambos tienen actividades extraordinarias. Julián también ha aprovechado la ocasión para comunicar que ya es Diplomático de carrera y Licenciado en Historia, aparte de que puede viajar a cualquier parte de Rusia y comunicarse con los nativos del país en su idioma. Ha explicado que durante ocho años, aparte de su actividad docente, y también como diputado, aún le quedaba tiempo libre para estudiar en la Escuela Diplomática, en la Facultad de Historia y, por supuesto, en la Escuela Oficial de idiomas, así que hoy cuenta con cuatro licenciaturas, doctor y catedrático de Derecho Constitucional en la Universidad, diplomático, diputado y, además, domina con soltura cinco idiomas. Julián está muy convencido de que no se puede servir a las instituciones y, menos aún, a los ciudadanos si no se tiene una sólida formación intelectual y una extensa experiencia profesional, aparte de ser honrado y valiente en la defensa de la solidaridad, la igualdad y la libertad, sin obviar todo lo que significa España. Además, está firmemente convencido de que cualquier servidor público que no actué así, está cometiendo un fraude o una traición, por la que forzosamente ha de ser juzgado y apartado para siempre de la función pública.

Julián ha comunicado a su familia que en las próximas elecciones también se presentará como candidato a diputado del Congreso, porque, según encuestas fiables, es muy posible que una gran mayoría de españoles se decante por los partidos políticos que mejor los representan, después de haber sufridos grandes desengaños y gravísimas consecuencias económicas y sociales, ocasionadas por organizaciones políticas que deberían estar ilegalizadas y, también, por gobiernos felones compuestos por gentes ineptas, egoístas o muy detestables. Si ocurriera lo que diagnostican las citadas encuestas, está seguro que las próximas Cortes Generales y el gobierno resultante acometerán reformas constitucionales e institucionales que reducirán las competencias de las Comunidades Autónomas, convirtiéndolas solo en entes administrativos, ya que su eliminación completa todavía no será posible a causa de organizaciones políticas que, a pesar de defender la unidad de la nación española, aún no se han convencido de las graves consecuencias del Estado de las Autonomías. Tampoco duda de la derogación de todas las leyes injustas, discriminatorias y muy dañinas para la concordia entre todos los españoles.

Cuando Julián aún no ha alcanzado la cuarta década de su vida, repite por tercera legislatura como representante de todos los ciudadanos españoles en la cámara del Congreso de Diputados y, esta vez, está muy contento, porque los diputados conseguidos en estas últimas elecciones generales por su partido político, juntos con los de otros partidos que se denominan constitucionalistas, suman votos suficientes para cambiar el rumbo fijado hacia el abismo que partidos antisistema y destructores de la nación española han fijado en las últimas legislaturas. El diputado sabe que los tres poderes o pilares básicos del Estado, como son el legislativo, el judicial y el ejecutivo, han de actuar de forma honrada, contundente y leal para cumplir la misión otorgada a cada uno por la Constitución Española, pero serán necesarias dos o tres legislaturas para desbrozar y eliminar todas las malas hierbas sembradas y cultivadas por ideologías totalitarias fracasadas y por poderes fácticos, felones o apátridas.

Aunque el partido político de Julián ha ganado las elecciones, todavía no tiene mayoría de diputados en el Congreso de los Diputados para poder formar gobierno en solitario, de ahí, que hayan tenido que pactar un gobierno integrado por dos partidos más, de acuerdo con la proporción de diputados de cada uno. El programa de gobierno pactado y rubricado será de estricto cumplimiento durante la actual legislatura; por consiguiente, la reforma de la Constitución será una realidad y, también, la derogación de leyes sectarias, partidistas, injustas y discriminatorias, entre las que se encuentran la de la memoria histórica, violencia de género, del aborto, electoral y otras.

Como era justo y lógico, después de casi diez años dedicados intensamente a trabajar para ajustar el ideario y el compromiso de su partido político con los ciudadanos, dándolos a conocer en todos los rincones, pueblos y ciudades de España y, también, en algunos países de Latinoamérica, Julián, el joven diputado, licenciado en Ciencias económicas, en Derecho, en Historia, en Diplomacia y Relaciones Internacionales, profesor, doctor y catedrático de Derecho Constitucional y también capaz de entenderse en su lengua con ciudadanos ingleses, alemanes, franceses y rusos, puede recoger u optar a los mejores frutos de su abundante y precisa siembra, ya que tiene la confirmación, por parte del que será el nuevo presidente del gobierno español, de ser el nuevo ministro de Asuntos Exteriores del Reino de España. La satisfacción y alegría de Julián no tienen límite, así como su infinito agradecimiento a su compañero y presidente de su organización política. Él siempre estará al servicio de todos los españoles a través del partido político que mejor los representa, aunque anhela para un futuro próximo ser embajador en uno de los países más poderosos del mundo.

GONZALO, CREADOR Y EMPRESARIO

Recordemos que Gonzalo es hermano de Juan e hijo de Quico y Ángeles, está a punto de cumplir veintitrés años y acaba de obtener el título de Ingeniero Industrial, también estudia Arquitectura y el próximo curso iniciará los estudios correspondientes a la licenciatura de Derecho. En la actualidad, habla y escribe con soltura los idiomas: inglés, alemán y francés. Aunque quiere aprender árabe y ruso, aparte de hacer un doctorado en Ingeniería o Arquitectura. Es concejal y milita activamente en un partido político que defiende la unidad de España y todos los valores tradicionales de la cultura occidental o grecorromana. Cuando haya logrado la formación intelectual y profesional que se ha propuesto, colaborará en países subdesarrollados durante dos o tres años con organizaciones no gubernamentales en trabajos relacionados con la ingeniería, la arquitectura y la docencia. Mientras llega ese momento, intentará ganarse la vida en la empresa privada, realizando actividades propias de un ingeniero industrial recién titulado, en caso contrario, no tendrá ningún problema en dedicarse a cualquier otro trabajo digno de respeto y admiración con el objetivo de hacer frente a todos los gastos que implica el desarrollo de una vida normal, más todos los pagos derivados de los estudios que piensa hacer durante los seis o siete años siguientes. Además, siempre procurará que sus padres se sientan orgullosos de su título profesional, de su trabajo y de los diferentes objetivos que pretende alcanzar, sin importarle ningún esfuerzo y sacrificio, ya que siempre pensará que es un bien de alto valor personal, al mismo tiempo que agradece a sus padres todo cuanto ha logrado y les recompensa en honor y satisfacción el gran cariño que siempre le han manifestado.

Gonzalo, ante la insistencia de su madre de que la vida se afronta mucho mejor con una única y buena compañera a su lado, la ha tranquilizado diciéndole que los roles que la sociedad actual le inocula a la inmensa mayoría de las mujeres que podrían ser su novia o esposa, son muy diferentes a los principios y valores que ella recibió de sus padres, familia y sociedad, por consiguiente, él está firmemente convencido de que una compañera sentimental con aspiraciones y actividades maritales le puede perjudicar mucho más que beneficiar en su formación intelectual y profesional, ya que la vigente ley de violencia de género puede destruir o conducir fácilmente a un hombre a la cárcel, si este se resiste a ser castrado o despojado psíquicamente de sus elementales atributos de varón. Respecto a las necesidades biológicas o relaciones casuales íntimas que pueda tener con mujeres, no le crean ningún problema y, además, todos los días y a todas horas están garantizadas, ya que las féminas, tanto casadas como solteras se toman muy en serio la disparatada teoría de la igualdad de género. De todas formas, como Gonzalo tiene muy claro que hasta que esté a punto de cumplir cuarenta años no piensa formar una familia con su prole correspondiente, ya se lo ha hecho saber a su madre, por si un día descubre una fotocopia de mujer coincidente con la suya.

Gonzalo se ha encontrado con un compañero de su misma promoción de Ingenieros Industriales y le ha informado que acaba de entregar la documentación necesaria para participar en unas oposiciones de Técnico Superior que convoca el Ministerio de Industria, Comercio y Turismo. Después de que ambos hayan valorado muy positivamente la conveniencia de poder obtener una plaza de funcionario que les garantice una situación profesional y económica holgada, además de poder optar a un horario reducido y flexible, con la posibilidad de consolidar la plaza en un periodo de cuatro o cinco años y, a partir de esa ratificación poder, solicitar una excedencia por un tiempo determinado. A Gonzalo le ha encantado la idea y no dejará pasar más de un día para presentar toda la documentación necesaria para poder participar en las citadas oposiciones. Alguien puede pensar que una persona en plena juventud y con una formación profesional universitaria, que le ha costado mucho esfuerzo y sacrificio durante varios años, tiene derecho a empezar a ganar dinero y permitirse ciertos caprichos que emitan un cierto triunfalismo profesional y, especialmente, divertirse mucho dando rienda suelta a todo cuanto le permita su situación económica, ya que ese tiempo, si lo deja pasar, jamás lo disfrutará. Gonzalo no renuncia a ninguna diversión propia de su juventud en compañía de sus amigos, pero dosifica muy bien todos esos componentes, porque su objetivo para los años próximos es aumentar su formación intelectual, universitaria y profesional, así se lo ha explicado a su grupo de amigos íntimos, los cuales, no solo lo animan, sino que lo ayudan en todo cuanto pueden y, felicitan con alegría sus diferentes éxitos.

Gonzalo acaba de cumplir treinta años, hace más de un lustro que cubre todos sus gastos con el salario como funcionario, aparte de vivir la vida muy satisfactoriamente junto a sus familiares y amigos, aunque con las restricciones necesarias para encajar y valorar los diferentes tiempos, sin olvidar que el tiempo es oro. En la actualidad se encuentra muy satisfecho por haber logrado en siete años todo lo que se había propuesto, tiene un especial agradecimiento para sus padres, su hermano Juan y, cómo no, otros familiares y amigos que tanto le han ayudado con sus ánimos y felicitaciones. El joven Gonzalo, aparte de servir durante una legislatura a sus paisanos como concejal y estar desarrollando una importante actividad como funcionario, sus padres, abuelos, familiares y amigos se sienten muy orgullosos del joven doctor en Arquitectura, Ingeniero Industrial, licenciado en Derecho y un políglota que puede viajar o vivir en aquellos pueblos o ciudades donde su lengua o idioma se corresponda con el inglés, el francés, el alemán, el árabe o el ruso.

Después de tres años fuera de España y colaborando muy activamente con organizaciones no gubernamentales en múltiples actividades humanitarias, docentes y estructurales en países de diferentes continentes, Gonzalo se encuentra nuevamente en España, donde ya ha solicitado la incorporación a su puesto de trabajo como funcionario, después de cumplir el tiempo de la excedencia concedida. Gonzalo tiene miles de recuerdos sensacionales de todo lo vivido junto a sus compañeros de equipos en Latinoamérica, África central y en la India, donde siempre han hecho todo lo posible por integrarse con los ciudadanos del lugar para ganarse la confianza de aquellos que, al principio, los observaban con bastante recelo. No pasó mucho tiempo y gracias a la realización de obras muy necesarias para la comunidad en la que se formaran equipos entusiastas de gentes, que empezaron a sentirse realizadas aprendiendo y trabajando en la construcción de humildes casas, edificios para escuelas, talleres de artes y oficios, atenciones médicas, asuntos administrativos, pozos de agua potable, canales de riego, albañales, fosas sépticas, accesos a difíciles zonas de cultivos, calles y sencillas instalaciones para garantizar los servicios más esenciales de comunidades rurales o barriadas periféricas de las grandes ciudades.

Gonzalo ha recibido propuestas de los dirigentes de su partido político en la zona para liderar importantes comisiones políticas de trabajo, pero este les ha comunicado que por ahora piensa continuar como un leal militante de base, pagando puntualmente su cuota de afiliado y colaborando en todas aquellas actividades políticas que organicen los responsables correspondientes. Él ha querido dejar muy claro que siempre estará y apoyará al partido mientras este defienda sus intereses y lo que más ambiciona, pudiendo destacar, la unidad de la nación española, la libertad, la solidaridad, la justicia y la igualdad de todos los españoles, sin olvidar la urgente reforma de la Constitución por la vía constitucional, para conseguir un Estado central, unitario, fuerte y respetado a nivel nacional e internacional, donde no existan las perversas Comunidades Autónomas ni tampoco puedan tener ninguna actividad social o política los partidos comunistas y sus marionetas, separatistas, traidores y demás organizaciones o medios de comunicación, sustentados por poderes fácticos antiespañoles o felones. Considera de extrema urgencia la eliminación de las Comunidades Autónomas y la aprobación de una ley de educación para toda España, impartida por honrados y verdaderos profesionales de la enseñanza, evitando que impostores o comisarios políticos, tóxicos, disfrazados de profesores entren en las aulas. Porque solo una enseñanza bolchevique, sectaria, plagada de odio y de rencor puede justificar la existencia actual en España de una inmensa ciudadanía capaz de renegar de su nación, de su bandera y símbolos, de sus héroes o forjadores históricos y, en definitiva, de la excelente herencia de sus mayores, construida y consolidada con mucho esfuerzo y sacrificio, sin obviar la muerte en múltiples contiendas bélicas. Esa ciudadanía es digna de lástima, porque el veneno que le han inyectado gentes detestables durante su formación intelectual, profesional y social ha deteriorado gravemente su mente, provocándole una enfermedad cerebral con efectos personales y sociales muy difíciles de sanar. Esos despreciables matasanos o manipuladores mentales merecen ser sentenciados a condena perpetua de trabajos forzados y sus respectivas organizaciones, medios de comunicación y poderes fácticos, a indemnizaciones singulares que provoquen su desaparición. Alguien puede pensar que estas afirmaciones son exageradas o, simplemente, falsas, pero, ¿acaso no es de personas dementes o degeneradas abrazar o aplaudir a los descendientes o herederos políticos de los que asesinaron a más de ochocientos españoles con un tiro en la nuca, entre los que se encontraban familiares, amigos y conocidos?, pues esto es lo que ha ocurrido mayoritariamente en el Congreso de los Diputados entre sus señorías. Si el Congreso de los Diputados es la representación de la soberanía nacional y a la vista del comportamiento de una gran mayoría de sus integrantes o representantes del pueblo español, no es exagerado afirmar que la inmensa mayoría de la sociedad española padece una grave enfermedad mental que solo se curará con una contundente intervención quirúrgica, ya que, en caso contrario, la situación en el frenopático nacional solo se agravará.

Gonzalo, a sus treinta y cinco años, es un gran amante de las motos y como consecuencia de esta afición ha recorrido muchos kilómetros por las singulares tierras de España en compañía de sus mejores amigos; aunque también ha sufrido accidentes de cierta gravedad, pero nunca comparables a los padecidos por miles de compañeros moteros que tuvieron la mala suerte de perder la vida, al tener la desgracia de impactar contra la barrera metálica de protección o guardarraíles, conocida por casi todos los moteros como la gran cuchilla o guillotina. Por la experiencia de las muchas vivencias sufridas en primera persona o por diferentes amigos, aparte de una amplísima información acumulada a través de diversos medios de comunicación y revistas especializadas, Gonzalo ha llegado a la conclusión de que los actuales guardarraíles no pueden seguir causando más muertes de motoristas o de otras personas accidentadas que caen o impactan sobre los mismos y, por consiguiente, su sustitución debería ser considerada una necesidad nacional. Como ingeniero industrial, Gonzalo ha dedicado muchas horas al estudio de la estructura resistente y de las características geométricas o forma del conjunto de las citadas barreras de seguridad vial y su incidencia en las personas que perdieron la vida en los diferentes accidentes analizados de España y, también, de otros países, llegando a la conclusión de que dichas barreras o guardarraíles actuales han de ser urgentemente cambiados por otro modelo de diseño y características resistentes diferentes, de forma que deje de ser una barrera de seguridad vial rígida con múltiples aristas y peligrosos elementos punzantes.

Gonzalo hace un año que llegó a la convicción de que era absolutamente necesario que se empezaran a instalar en nuestra red viaria unos nuevos guardarraíles o barreras de seguridad vial, sin aristas cortantes, sin ángulos punzantes, elásticos y amortiguadores, que mantenga su función fundamental de contener a los vehículos de cuatro o más ruedas y eviten las muertes o mutilaciones de muchas personas, especialmente, los motoristas que sufren accidentes e impactan sobre los actuales y anacrónicos guardarraíles. A causa de ese pleno convencimiento y muy preocupado por tantas muertes y mutilaciones de las personas que sufren accidentes, se hizo el firme propósito de empezar a dedicar su tiempo libre en la creación de un nuevo diseño de barrera de seguridad vial, que careciera de aristas cortantes, de elementos punzantes y de una estructura más flexible con capacidad para amortiguar los impactos de los vehículos o personas.

Después de un año de intensa dedicación para crear un nuevo modelo de guardarraíles, Gonzalo ha desarrollado, de forma completa y detallada para su posible elaboración o fabricación, el proyecto completo, a nivel ejecutivo, del nuevo elemento de seguridad vial, es decir, justificación del proyecto, planos, memoria descriptiva y otros documentos. La información explicativa y gráfica del citado proyecto, también la ha empleado para cumplimentar el expediente de presentación en la Oficina Española de Patentes y Marca, organismo autónomo dependiente del Ministerio de Industria, Comercio y Turismo, para patentar su creación como modelo de utilidad y conseguir su propiedad o titularidad, de acuerdo con la legislación vigente. Cuando adquiera la citada propiedad dará a conocer el nuevo modelo de barreras de seguridad vial o guardarraíles a los diferentes responsables políticos y a sus asesores técnicos de seguridad vial. También, a los fabricantes y a los correspondientes medios de comunicación, nacionales e internacionales, para intentar convencerlos de las ventajas y bondades del nuevo elemento de seguridad vial con respecto a los arcaicos y peligrosos guardarraíles, colocados en la actualidad en las diferentes redes viarias nacionales y extranjeras.

En la justificación y memoria descriptiva del proyecto ejecutivo de la nueva barrera de seguridad vial o guardarraíles, podemos leer:

- A mediados del siglo XX, cuando nuestras carreteras no se parecían mucho a las actuales ni, por supuesto, su volumen de tráfico, ni la variedad y potencia de los vehículos, que por entonces circulaban, se creyó muy necesario colocar en las zonas más peligrosas de las mismas, unos elementos capaces de contener a los vehículos de cuatro o más ruedas, que, por causa de un fallo humano o mecánico, pudieran salirse de la calzada y precipitarse por un terraplén, por un puente o por otro tipo de desnivel o estructura, sufriendo graves consecuencias sus ocupantes y, por supuesto, los vehículos.

- Considerando la necesidad de la colocación de los citados elementos de contención denominados «guardarraíles», «quitamiedos» o «barreras de seguridad vial», en el año 1971, la administración estatal, responsable de velar por la seguridad vial, publicó una Orden Circular con la normativa de los guardarraíles. Esta normativa se tenía que aplicar en todas las obras de nueva construcción de la red viaria y de forma paulatina en el resto de la misma.

- Parece ser que hasta el año 1973 no se instaló el primer tramo de guardarraíles, porque antes, como ahora, también debían producirse un determinado número de accidentes mortales que justificaran la implantación de los extraños elementos que rompían el paisaje, según sus detractores, y, además, añadían que esas barreras no iban a solucionar nada, porque los culpables de los trágicos accidentes eran los conductores por correr demasiado. Igual que se afirma ahora diciendo que los accidentes, las mutilaciones y las muertes de muchas personas son por causas del exceso de velocidad. Porque los guardarraíles actuales, nada o muy poco tienen de culpa, según afirman muchos responsables políticos y técnicos, aunque la inmensa mayoría de los usuarios de las carreteras, autovías o autopistas, especialmente, los motoristas, reconocen que sus aristas son como grandes y peligrosas cuchillas que aguardan en muchos bordes de la red viaria, aparte de otras característica que los convierten en elementos muy peligrosos.

– En los años transcurridos desde la implantación de los guardarraíles o barreras de seguridad vial en nuestra red viaria, debemos reconocer y, así lo hacemos la mayoría de los usuarios de la citada red, que los referidos elementos de contención o de protección fueron diseñados especialmente para evitar que los vehículos de cuatro o más ruedas se salieran de la calzada, impidiendo siniestros de graves consecuencias humanas y materiales. Por consiguiente, es justo reconocer el bien causado a nuestra sociedad la puesta en práctica de estos sistemas de protección. Por esto, se comete una gravísima irresponsabilidad cuando algunos gestores políticos, técnicos o medios de comunicación publican que los motoristas están de enhorabuena, porque todos los guardarraíles o barreras de seguridad vial se van a suprimir. Es cierto que los actuales guardarraíles, colocados por la citada Orden Circular n.º 221 del año 1971 y modificada por la Orden Circular n.º 321/95 T y P del año 1995 están causando cada año miles de muertes y gravísimas mutilaciones, principalmente, a los moteros.

— Las causas que provocan estas muertes y otras gravísimas consecuencias en las personas accidentadas que consiguen sobrevivir son perfectamente conocidas por los responsables políticos, por sus asesores técnicos, por los fabricantes de los guardarraíles, por los medios de comunicación y, también, por la mayoría de los motoristas. Es necesario recordar, una vez más, que las características geométricas de los actuales guardarraíles o barreras de seguridad vial, que provocan que estas actúen como enormes cuchillas, guillotinas o muros de contención, son sus aristas cortantes y punzantes, y la rigidez del sistema de sujeción. Las aristas y ángulos punzantes son capaces de seccionar el cuerpo humano en varias partes si este impacta sobre las mismas a una velocidad mínima de 30 km/h.

— La estanqueidad o rigidez del conjunto es capaz de causar la muerte de forma instantánea, causar un traumatismo o politraumatismo, provocar una grave invalidez o una parálisis cerebral. En resumen, solo tres características de los actuales guardarraíles son las causantes de miles de muertes y gravísimos daños físicos y materiales. La solución del problema para un gestor político, aunque sea un inexperto en la materia pero con conciencia de actuación responsable y honrada en el ejercicio de su cargo, es muy simple y cómoda: «Exigir la instalación de unos guardarraíles o barreras de seguridad vial exentas de aristas y ángulos punzantes, y, además, que todo el conjunto resistente sea amortiguador y elástico».

- El objetivo fundamental de la nueva barrera de seguridad vial es evitar las múltiples mutilaciones y muertes de las personas que sufren accidentes de tráfico cuando salen despedidas de cualquier vehículo, especialmente, los motoristas, que caen o impactan sobre los extremos, aristas y demás elementos cortantes de las actuales barreras de seguridad vial o guardarraíles instalados en las vías urbanas e interurbanas.

- La nueva barrera de seguridad vial se caracteriza porque no tiene ningún elemento punzante ni aristas cortantes. Está provista de dispositivos amortiguadores en la banda longitudinal y los soportes verticales tienen carcasas protectoras con ballestas.

- Los nuevos guardarraíles o barreras de seguridad vial están compuestos, principalmente, por los siguientes elementos:

- a) Una banda longitudinal con acabado superior en forma de faldón con diseño especial, exenta de aristas cortantes, con terminales esféricos y ondas similares a las de las barreras existentes, que facilitan su encaje y, así, poder realizar una sustitución gradual de las mismas.

- b) Los postes que sostienen la banda longitudinal que constituye la barrera están envueltos por una carcasa protectora aerodinámica, provista de soportes de alta elasticidad, tipo ballesta, que responden a cualquier impacto de forma elástica, flexible y amortiguadora, anulando el efecto muelle producido por el choque contra el mismo del sujeto accidentado. Su forma aerodinámica puede facilitar el alejamiento por efecto tangencial de la persona que impacta, aminorando sus consecuencias.

— c) Los extremos de las bandas longitudinales están provistos de unos elementos esféricos unidos elásticamente a estos.

La parte documental del proyecto ejecutivo de la nueva barrera de seguridad vial o nuevo diseño de guardarraíles, de los que acabamos de enumerar algunos apartados, está acompañado de una completa colección de planos generales y de detalles, debidamente acotados, correspondientes a los diferentes elementos o piezas integrantes de la nueva barrera, incluyendo planos de montaje y varias perspectivas del conjunto y de elementos aislados.

En la actualidad, cuando Gonzalo está muy cerca de cumplir cuarenta años, nos encontramos con una persona muy contenta y segura de sí misma, por estar triunfando en su vida profesional y disfrutando de un entorno familiar y social muy difícil de superar. Al final, logró la propiedad o titularidad de su creación o nuevo diseño de guardarraíles y no transcurrió ni un año para que una empresa multinacional o internacional, dedicada principalmente a la fabricación de barreras de seguridad vial, se pusiera en contacto con Gonzalo para comunicarle que estaban muy interesados en su nuevo modelo de guardarraíles y lo invitaban unos días a Alemania, donde se encontraba la empresa matriz de la gran multinacional que operaba en los cinco continentes, para que explicara a los técnicos integrantes de los departamentos correspondientes todos los detalles de su creación, registrada en

España como modelo de utilidad. Al final, Gonzalo estuvo diez días en Alemania, porque, aparte de exponer las características técnicas y las ventajas de la nueva barrera en el idioma alemán, también fue requerido para dar tres conferencias, realizadas en español, alemán e inglés, relacionadas con su nueva creación. Finalmente, Gonzalo regresó a España con dos extraordinarios precontratos que se convertirían en contratos definitivos, una vez solucionada una nueva excedencia funcionarial o de su empleo público y todos los trámites necesarios para hacer extensiva la titularidad del citado modelo de utilidad en muchos países de los cinco continentes.

Gonzalo firmó finalmente un contrato con la empresa multinacional o internacional por el que cedía los derechos de propiedad, en exclusiva, durante veinte años, para la fabricación y comercialización de su nueva barrera de seguridad vial. A cambio, recibía una gran cantidad de dinero al contado, cuya cifra alcanzaba los dos dígitos acompañados de seis ceros y, además, recibiría un elevado porcentaje del importe total correspondiente a todas las ventas que la referida empresa y sus filiales realicen en los diferentes países donde se ubican. Asimismo, el joven ingeniero industrial firmó otro contrato con las máximas garantías económicas y jurídicas en Alemania y España, ya que fue contratado como director técnico integrante del equipo de dirección de la citada empresa, con la misión especial de dar a conocer en todo el mundo civilizado el producto estrella de seguridad vial, o sea, los nuevos guardarraíles. La dirección ejecutiva, en colaboración con Gonzalo, sería la encargada de organizar las diferentes conferencias y estancias correspondientes en aquellos países donde se ubican las distintas filiales.

En la actualidad, cuando Gonzalo acaba de cumplir cuarenta años, ha decidido contraer matrimonio con una joven mujer que nació cuando él ya estaba en la Universidad, hija de unos de los mejores amigos de sus padres y ahijada de estos. Licenciada en filología hispánica y amante de los idiomas, pero, sobre todo, su máximo objetivo es crear una familia tradicional, como la de sus padres y tener varios hijos. Gonzalo, hasta la fecha, nunca se había interesado por el matrimonio y, menos, por tener una relación formal de pareja con una mujer, porque es un gran amante de la libertad y tiene muy claro que la relación formal con una fémina y, peor aún, en matrimonio, es como recortar las plumas de las alas de un ave voladora, ya que la puedes dejar en libertad, pero será incapaz de volar. Si él hubiera caído en la tentación de formar una relación marital con alguna de sus muchas amigas, que se lo han pedido, jamás hubiera alcanzado el extraordinario éxito profesional logrado, ya que no hubiese podido dedicar su tiempo libre a crear y a disponer de su vida con absoluta libertad; en resumen, está muy contento de no haber soportado un meloso lastre. Gonzalo, hasta hace muy pocos años, siempre ha mantenido relaciones íntimas con muchas chicas, pero jamás ha sido acusado de lo que las feminista o progresistas de ocasión denominan violencia de género, acción muy de moda para vengarse de una infidelidad o rotura no deseada, ya que él siempre se ha dejado ligar o violar por esa inmensa ola de la que forman partes muchas jóvenes de hoy, acérrimas defensoras de la igualdad de sexos. En los últimos años, donde viaja en primera clase o en vuelos privados, lo esperan y despiden con magníficos coches, se aloja en los mejores hoteles de diferentes países y es colmado de atenciones. Gonzalo tampoco tiene ningún problema de gozar de la compañía en sus horas libres, o por la noche, de hermosas mujeres de cualquier raza o condición. Pero, en la actualidad, considera que ninguna mujer le puede limitar su libertad, sino las múltiples obligaciones que se derivan de una familia deseada y, además, piensa que si no formara una familia ejemplar y no tuviera hijos, su paso por la Tierra no sería un éxito, sino un fracaso, porque tanto el hombre como la mujer deben colaborar con su obra culmen para que la Humanidad no desaparezca. Aparte de todo lo dicho, Gonzalo está muy seguro de cuál será el comportamiento de la mujer que se una a él en matrimonio, porque no es una extraña de la comunidad familiar y social, porque su trayectoria, hasta convertirse en una persona adulta, ha sido impecable y, sobre todo, porque sus grandes deseos de convertirse en madre y en una modélica esposa complementan todas las vivencias y enseñanzas recibidas en el entorno familiar y en el contexto social.

Después de dos décadas de intensa actividad empresarial por distintos países del mundo, Gonzalo, cuando está a punto de cumplir cincuenta y cinco años, cambiará por completo su relación laboral con su empresa alemana, ya que terminará la cesión de titularidad de su patente de modelo de utilidad correspondiente a los nuevos guardarraíles y, además, quiere disponer de más tiempo libre para dedicarlo a su familia y emprender otras actividades; aunque, de momento, continuará unido profesionalmente a la empresa, formando parte de la dirección ejecutiva. En la actualidad, Gonzalo goza de una ejemplar familia numerosa, ya que tiene cuatro hijos y una mujer encantadora. Su patrimonio en bienes inmuebles, muebles y sus cuentas bancarias lo catapultan al grupo de personas millonarias.

Gonzalo, por los medios de comunicación y a través de su partido político, ha tenido conocimiento de la gran transformación urbanística y de muchos servicios públicos en general, que se han realizado en un pueblo que ya no parece el mismo gracias a un ejemplar alcalde llamado Fernando y a su abnegado y excelente equipo de gobierno. Pero una de las actuaciones por las que especialmente está interesado, como arquitecto y seguro defensor de los honores, cuidados y respeto que debemos a nuestros mayores, ha sido la construcción de un nuevo barrio residencial o complejo urbanístico que denominan Paradisus o Ciudad de los mayores. Gonzalo ha contactado con el citado alcalde, para saber si es posible realizar una detenida visita al referido complejo urbano y recibir la máxima información posible sobre la construcción, administración y funcionamiento del mismo, incluyendo las diferentes funciones de las instalaciones y actividades que en las mismas se desarrollan, porque está muy interesado en construir otro similar en su ciudad y, además, piensa exigir a su organización política que se incluya en los correspondientes programas electorales, bien sean municipales, regionales o nacional, la ineludible construcción de un complejo urbano residencial o ciudad exclusiva para las personas de la tercera edad en cada pueblo o ciudad. Finalmente, Gonzalo y unos amigos fueron recibidos por el alcalde Fernando y su equipo de gobierno, quedando encantados por el trato recibido y por toda la información que todos les facilitaron, no solo a nivel de las múltiples actuaciones realizadas, sino de los futuros proyectos urbanos. También le explicaron que hacía años que no se presentaban a las elecciones municipales los partidos políticos clásicos, especialmente, los autodenominados progresistas, porque los ciudadanos solo confiaban en personas con experiencia profesional, competentes y comprometidas con la política como una actividad al servicio de los demás, o sea, al buen gobierno de la ciudad y, especialmente, libres de cualquier ideología política de trayectoria fracasada o perversa. Por supuesto, Gonzalo y sus amigos visitaron Paradisus o la llamada Ciudad de los mayores, en fase de construcción muy avanzada, donde recibieron por parte del gobierno municipal y de su equipo técnico una detallada información de todos los elementos arquitectónicos integrantes del citado conjunto residencial, así como una completísima información gráfica y el ofrecimiento sincero de colaboración para hacer realidad las aspiraciones de Gonzalo para su ciudad.

Hace ahora dos años que Gonzalo, como arquitecto, creó en su ciudad un estudio de arquitectura, ingeniería y diseño, el cual ubicó en una de sus propiedades inmobiliarias, situada en la plaza mayor de la ciudad. En la pequeña empresa o estudio, cuyo director era Gonzalo, empezaron a trabajar como empleados un arquitecto, un ingeniero, dos delineantes, un técnico auxiliar y una secretaria. Aparte de ser un estudio dedicado a proyectos de arquitectura e ingeniería en general y al servicio público o encargos particulares, el primer trabajo estrella a realizar por el pequeño grupo de técnicos que lo integran, con su director al frente, es la realización de un completo y detallado proyecto ejecutivo correspondiente a la construcción de una pequeña y singular ciudad residencial exclusiva para personas jubiladas, provista de todos los servicios necesarios para vivir dignamente de una forma social y armónica, independiente, libre, amena, segura y tranquila, donde se puedan realizar múltiples actividades dedicadas a la práctica de ejercicios físicos y también al ocio, a la agricultura, a la ganadería y a recordar viejos oficios, incluida, la tradicional artesanía; así, como actividades comerciales y sociales, sin olvidar los servicios de recepción, administración, enfermería y asistencia médica. El singular complejo urbanístico estará integrado por viviendas apareadas, tipo apartamentos, con capacidad para dos personas y dotadas de un pequeño jardín. El conjunto residencial carecerá de barreras arquitectónicas, sus calles y paseos serán planos, sin desniveles, con diversas zonas ajardinadas y muchos árboles. Su plaza mayor será como un pequeño templo al descubierto, provisto de un pavimento especial, de cómodos bancos, atractivos jardines, fuentes ornamentales y, también, de agua potable. El centro de la plaza estará presidido por un monumento escultural dedicado a la familia tradicional, integrada por los abuelos, los hijos y los nietos. La fachada principal del recinto residencial, tipo apartahotel, estará formada por edificios de dos plantas. En las plantas bajas estarán ubicados los servicios de recepción y control, los médicos y sanitarios, la oficina bancaria con atención personal, la piscina y gimnasio, la cafetería, el bar y el restaurante, el supermercado, el teatro y el cine. En las plantas superiores estarán ubicadas la dirección del conjunto residencial, servicios auxiliares, sala de conferencias y otras. Dentro del conjunto privado y separado de la zona habitacional por una valla y un pequeño bosque de diferentes clases de árboles se construirán las áreas o zonas de mediana extensión, dedicadas a la agricultura, corrales, almacenes y talleres de oficios y artesanía. En todo el interior del conjunto residencial no circulará ninguna clase de vehículo tradicional, salvo en casos puntuales de accidente o enfermedad de algún residente, que se hará uso del adecuado vehículo eléctrico. La singular ciudad para personas de la tercera edad se denominará Paradisus y siempre se ubicará en el límite del casco urbano, debido a su considerable extensión, pero su comunicación con el centro de la ciudad, así como con las estaciones de tren o autobuses, siempre estará garantizada por medio de los correspondientes servicios públicos y a través de los viales propios de comunicación, integrantes del entramado urbano de la ciudad.

Cada ciudad Paradisus o conjunto residencial para personas mayores tendrá un parque anexo, dedicado a honrar y recordar la Historia de España y también un pequeño hotel, si en el pueblo o ciudad de ubicación del citado conjunto residencial no existiera. En el caso que nos ocupa, Gonzalo quiere asumir también la construcción del parque de la Historia de España, porque tiene terreno disponible y mucha ilusión de que este sea el siguiente proyecto de su estudio de Arquitectura, Ingeniería y Diseño.

Cuando Gonzalo y su equipo técnico tengan terminada la redacción del referido proyecto de la Ciudad de los mayores o Paradisus, hará las correspondientes gestiones en el Ayuntamiento de su ciudad y en otros organismos públicos para realizar la construcción de la referida obra en una de sus propiedades colindantes con el casco urbano, así como la posterior explotación pública del conjunto residencial, el cual funcionará como un singular apartahotel, pero con el compromiso de que solo será ocupado por personas mayores o jubiladas, dedicando el ochenta por ciento del total de las plazas a residentes fijos, con exclusiva preferencia para los habitantes de la ciudad y quedará a disposi- . ción de personas con estancias temporales el veinte por ciento restante, bien sean, vecinos o turistas. Gonzalo tiene el convencimiento de que la singular ciudad tipo paraíso, exclusivamente para personas mayores o jubiladas, será un rotundo éxito y, por esto, ya piensa en el día que haga la propuesta a los organismos oficiales o públicos correspondientes, así como a partidos políticos no sectarios ni antiespañoles, para convertir su ciudad Paradisus en el nuevo corazón a implantar en todas aquellos pueblos y ciudades con riesgos de despoblación o desaparición, pero con las inexcusables condiciones de que todo el personal que trabaje en el citado conjunto residencial tendrá contrato fijo de trabajo y establecerá obligatoriamente su residencia en el correspondiente pueblo o ciudad.

Después de casi dos años dedicados a un proyecto urbanístico, arquitectónico y burocrático de mucha complejidad en todos los ámbitos y sectores, Gonzalo y su equipo técnico, más la colaboración de otros profesionales, ya lo pueden presentar en sociedad por haber conseguido del Ayuntamiento y de otros organismos oficiales todas las licencias o autorizaciones necesarias para la construcción y explotación del residencial apartahotel, exclusivo para personas de la tercera edad. El referido equipo técnico iniciará en breve la redacción completa y detallada del parque original y anexo a la ciudad residencial Paradisus, donde la variada vegetación, el agua y los diferentes elementos urbanos y escultóricos lo convertirán en un magnífico espacio verde, al mismo tiempo que invitará a recordar los distintos periodos de la Historia de España, por medio de paseos y zonas específicas dedicadas a cada época, incluidas, las estatuas de sus héroes o personajes históricos más relevantes. Gonzalo también quiere ser el constructor de su ciudad Paradisus y, por esta razón, ha gestionado y cumplimentado todos los requisitos legales para convertirse en un empresario de la construcción.

El nuevo promotor y empresario se ha fijado un plazo máximo de dos años para la construcción, inauguración y puesta en marcha de lo que considera una obra extraordinaria para uso y disfrute de nuestros mayores, dejando para la segunda fase la construcción del parque especial dedicado a conocer la Historia de España mientras se pasea por una zona paradisiaca, donde tampoco faltaran muchos ejemplares del mundo animal, atraídos por un espacio que les proporcionará comida, agua, seguridad y mucha tranquilidad. En el siguiente capítulo y mientras se construye el complejo residencial o Ciudad de los mayores, denominado Paradisus o paraíso, el equipo redactor de la excelente obra nos justificará y describirá de forma más detallada el contenido del proyecto ejecutivo, así como el de varios anexos de mantenimiento, uso y explotación.

PARADISUS: LA CIUDAD DE LOS MAYORES

La construcción de Paradisus o la Ciudad de los mayores por parte de Gonzalo es un gran homenaje a su familia, especialmente, a sus padres y abuelos. Sin olvidar a todos los españoles que, con su esfuerzo y sacrificio, han colaborado, y contribuyen, al enaltecimiento de la excelente herencia de todos los españoles, denominada España. Además, Gonzalo pretende despertar las conciencias de aquellos honrados ciudadanos que, ingenuamente, han votado y continúa votando a partidos políticos que dicen defenderlos y, en cambio, muchos, en su vejez y con mucha suerte, son y serán almacenados en indignas residencias. Por esto, Gonzalo desearía que la inmensa mayoría de los españoles no fueran tan necios o ignorantes y, a partir de ahora, jamás votaran a partidos políticos que no adquieran el compromiso público de asegurar constitucionalmente a todas las personas de la tercera edad o jubiladas estancias dignas hasta el final natural de sus vidas. Igualmente, deberían ignorar a todos aquellos medios de comunicación que colaboran con el injusto e ignominioso teatro político, compuesto por legiones de gentes incompetentes que no han trabajado nunca, pero se han convertido en charlatanes sin escrúpulos o en detestables comisarios políticos.

Repasando toda la documentación, planos y maquetas que integran el proyecto ejecutivo para la construcción y posterior

explotación de la Ciudad de los mayores o Paradisus, a continuación, se reseñan los siguientes conceptos.

- El complejo residencial ocupará 75 000 m² y el parque
  anexo, Historia de España, 52 000 m².
- La capacidad total será de 500 residentes, 400 fijos y 100
  transeúntes o turistas. Todos ellos alojados en viviendas
  o apartamentos apareados, de planta baja, dotados de un
  pequeño jardín y completamente equipados para entrar
  a vivir. Los servicios de mantenimiento y limpieza, así
  como los de restaurante, estarán garantizados.
- Todo el personal que trabaje en el singular apartahotel
  ha de tener los correspondientes títulos compulsados de
  su especialidad, bien sea universitario o de formación
  profesional.
- Todos los residentes pueden optar a cualquiera de las diferentes modalidades de prestación de servicios de comedor,
  o sea, pensión completa, media pensión o tarjetas para un
  determinado número de servicios o comidas.
- La fachada principal del conjunto residencial o Ciudad
  de los mayores tendrá una longitud de 300 metros, estará
  formada por un edificio, compartimentado, de dos plantas
  de altura y en cuya planta baja se ubicarán dependencias
  independientes para ubicaciones, tales como:
     1) Servicios de recepción y control de entradas y
  salidas.
     2) Servicios de asistencia médica y enfermería.
     3) Servicios burocráticos y de banca con asistencia
  presencial o personal.

4) Servicios de comedores, restaurante, cafetería y bar.

5) Instalaciones de gimnasio y piscinas.

6). Supermercado.

7) Y salas de cine y teatro.

La planta superior también estará compartimentada y en la misma se situaran los despachos de dirección, subdirección y oficinas de administración, despachos de los responsables médicos y sanitarios, instalaciones de vigilancia y asistencia, salones de actos, duchas y servicios sanitarios.

— En todo el frontal exterior de la fachada principal de la pequeña ciudad residencial se construirá un vial con dos carriles de circulación, más un tercer carril dedicado a zonas de parada de autobuses, taxis, vehículos en tránsito y estacionamientos para coches privados, pertenecientes exclusivamente a los trabajadores del conjunto residencial o Paradisus. La conexión a la red viaria urbana del citado vial garantizará un tráfico fluido de entrada y salida a la Ciudad de los mayores, así como una rápida conexión con el centro urbano y estaciones de Renfe y autobuses. El citado vial estará provisto de una iluminación especial y de amplias aceras muy arboladas.

— En todo el frontal interior, correspondiente al citado conjunto residencial, se construirá un amplio paseo, que conectará todos los accesos a las diferentes dependencias o servicios situados en las plantas primera y segunda del conjunto arquitectónico o edificio frontal. También servirá para conectar la plaza mayor, el paseo central y las cuatro calles existentes en el conjunto residencial. En la citada urbanización no existirán barreras arquitectónicas o resaltos en los encuentros de los diferentes pavimentos existentes, diferenciando las distintas zonas de estos con encintados al mismo nivel. Los materiales empleados en las distintas clases de pavimentos serán siempre pétreos, naturales o artificiales. Sus calles tendrán dos hiladas de árboles característicos de la región, pero de especies diferentes en cada calle y, además, cómodos bancos entre los mismos, así como una iluminación ideal. El paseo principal de la pequeña y singular urbanización se construirá en el centro de la misma y conectará la reducida red vial con la plaza mayor y con la puerta posterior que da acceso a los almacenes, las parcelas, los corrales y los talleres de artes y oficios. El citado paseo tendrá dos hiladas de árboles de especies diferentes a las calles, parterres ajardinados, fuentes de agua potable y cómodos bancos y sillones.

– La plaza mayor será de planta circular, delimitada por un amplio parterre arbolado y ajardinado, seguido de cómodos bancos y sillones. El centro de la plaza estará definido por una amplia fuente ornamental, también de planta circular. En el centro de la misma se situará sobre un pedestal una obra escultórica de mármol, de color verde, representando a una familia tradicional integrada por los abuelos, los hijos y los nietos. El pavimento de la plaza se construirá con materiales pétreos naturales y su iluminación será singular.

– El citado conjunto residencial estará integrado por 256 viviendas pareadas, de planta baja, provistas de un pequeño jardín, agrupadas en módulos de 16 unidades, excepto dos, que tendrán 14 viviendas. La disposición de los citados módulos dará origen a la formación de las pequeñas calles y la plaza mayor. Cada vivienda tendrá un recibidor, una cocina tipo americano, un amplio comedor, un cuarto de baño completo y un dormitorio de matrimonio con armario empotrado. Las viviendas estarán totalmente equipadas de electrodomésticos, mobiliario, menaje y ajuar completo, para poder entrar a vivir con un máximo de comodidad y tranquilidad. Las viviendas estarán provistas de un equipo de TV, de detectores de incendios y de aparatos de telefonía, conectados directamente con recepción y el servicio de control y vigilancia. El estilo arquitectónico de las viviendas que integran el referido conjunto residencial será el típico de la región. Siempre hay que recordar que Paradisus es un complejo residencial privado o público, exclusivo para personas de la tercera edad, que funcionará y se regirá por normas y leyes muy similares a los diferentes apartahoteles de explotación turística.

— El paseo central, como ya se ha dicho, conecta toda la zona habitacional y, además, da acceso a una franja boscosa de 7 500 m^2 que separa la citada zona con las áreas e instalaciones dedicadas a realizar diferentes actividades relacionadas con la agricultura, la ganadería, las artes y oficios regionales o más tradicionales.

— Área de 22 500 m^2, ubicada en la parte opuesta al edificio de la fachada principal o en la zona final del conjunto residencial, separada de la zona habitacional por la citada zona boscosa y dedicada a la construcción de talleres de prácticas de oficios y artesanía, de instalaciones para la cría de animales domésticos, de un almacén y sus accesos y, también, de unas parcelas para la plantación de árboles frutales y diversas hortalizas. A estas zonas tendrán acceso todos los residentes que justifiquen sus aspiraciones, de acuerdo con sus preferencias vocacionales y experiencia profesional, pero siempre estarán acompañados y coordinados por los responsables de dichas áreas o trabajadores del referido complejo residencial. Esta área de múltiples actividades también tendrá un acceso directo desde la calle o avenida frontal para vehículo de bajo tonelaje, pero siempre ocultos o aislados del conjunto habitacional.

— Todo el contorno del complejo urbano descripto en los apartados anteriores estará cerrado por un muro de mampostería de piedra que se cubrirá con plantas trepadoras de diferentes especies y, además, sobre el mismo existirán, de forma camuflada, cámara de videovigilancia.

— Los residentes en Paradisus no podrán invitar a pernoctar a ningún familiar, ni tampoco organizar fiestas o celebraciones familiares en sus viviendas. Siempre las realizaran en las instalaciones de la cafetería, del bar o en el restaurante. El conjunto habitacional ha de ser considerado como un lugar de respeto, paz, tranquilidad y mucho silencio.

— Los residentes en Paradisus no podrán realizar actividades políticas, sindicales, religiosas o gremiales en ninguna de las instalaciones del complejo residencial, ya que, como ciudadanos libres, pueden practicarlas en sus diferentes asociaciones o iglesias del pueblo o ciudad.

De toda la documentación técnica o pliegos de condiciones, junto con los muchos planos que integran el proyecto ejecutivo del pequeño conjunto residencial denominado Paradisus o Ciudad de los mayores, se podría aumentar la lista de los conceptos anteriormente relacionados. Pero con los enumerados se considera información suficiente para que cualquier persona, sin necesidad de tener una formación técnica, se haga una idea bastante real de cómo será la Ciudad de los mayores cuando finalice su construcción, y, por consiguiente, se ocupe y empiece a funcionar como si se tratara de un pequeño paraíso residencial.

Por haber acelerado la elaboración del proyecto ejecutivo del singular parque anexo al complejo residencial para personas mayores, así como las licencias oficiales correspondientes, Gonzalo, casi en paralelo y aprovechando los diferentes equipos de trabajo para la construcción del citado complejo, también ha iniciado la ejecución del original parque dedicado a conocer mejor la Historia de España, para que entre ambas inauguraciones exista el menor tiempo posible, ya que considera que el nuevo parque es un magnífico complemento de todo cuanto ofrece el citado complejo residencial y, por esta razón, el acceso al mismo de todos los residentes de la ciudad Paradisus será libre y gratuito; no siendo así para el resto de ciudadanos que quieran visitarlo, por tratarse, en este caso, de una propiedad privada.

Gonzalo sigue pensando que la familia, salvo justificadas excepciones, que no reverencia, garantiza, protege y recompensa a sus mayores con una existencia justa y confortable hasta el final natural de sus vidas; no es digna de tal consideración y puede considerarse una familia fracasada, por mucho que todos sus miembros o parte de ellos se pavoneen en sociedad con sus supuestos éxitos, organizando viajes o participando en fiestas alocadas para exhibirse mejor. Aunque nunca se ha de olvidar que la familia nuclear es la responsable principal de esforzarse y sacrificarse para que sus hijos adquieran la necesaria formación intelectual y profesional, para trabajar honradamente e intentar triunfar en las múltiples actividades y conceptos que enaltecen a nuestra sociedad tradicional. El fracaso de algunos o muchos de esos hijos solo será la consecuencia de su deficiencia mental o debilidad intelectual, al dejarse influenciar y sucumbir a tiranías personales, sociales, políticas o religiosas.

Gonzalo también piensa que los pueblos o naciones que no honran y respetan a sus mayores, profanando, incluso, hasta sus tumbas, están gravemente enfermas, cuyo mal tienen que detestar lo antes posible para poder arrancarlo de cuajo si no quieren desaparecer, como consecuencia de una gravísima metástasis. Lo difícil e irremediable resulta cuando de un pueblo irresponsable y jaranero, necio o ignorante, se adueñan de la dirección del hipotético hospital-Estado y del quirófano-gobierno, una legión de hijos felones o fracasados que constituyen un gravísimo peligro para la vida justa y armónica de una gran nación, llamada España. Solo el posible despertar del pueblo dormido o por imperativo legal puede formarse un equipo de ciudadanos patriotas, valientes, honrados, responsables y con una alta y reconocida valía profesional, nacional e internacional, capaces de extirpar el lacerante tumor que padece nuestra actual sociedad.

Y, por último, Gonzalo piensa que cuando en una sociedad se desequilibra el número de individuos responsables con respecto a los fracasados, esta empieza a enfermar y, a medida que el ansia por alcanzar el poder a cualquier precio aumenta, la enfermedad social se agrava, convirtiéndose en un rebaño humano, cuyo corral necesariamente será un frenopático. Decir esto y pensar en la sociedad actual española, no es una exageración; si dedicamos un mínimo de tiempo a visitar las detestables residencias de la llamada tercera edad y conversamos con las personas mayores aparcadas, abandonadas o medio olvidadas en las mismas, las cuales, han sido arrancadas de su ámbito por aquellos que le deben sus vidas, o sea, por sus hijos, con la burda justificación de que ellos ahora tienen hijos y obligaciones laborales que les impiden atenderlos. Sencillamente, aparte de ser ingratos, necios e irresponsables, son profesional y socialmente unos auténticos fracasados, porque solo han dedicado su tiempo a sobrevivir e, incluso, lo han perdido miserablemente en continuos retozos o viajando sin rumbo para fanfarronear estúpidamente en la manada. Otros, los pocos que han pensado en sus mayores o en la herencia a su descendencia han trabajado o colaborado a través de diferentes organizaciones civiles o políticas en hacer una sociedad más justa y solidaria, pero con poco éxito, a la vista de las escasas y odiosas residencias para personas mayores en España. Ni siquiera en los programas electorales de aquellos partidos políticos que, cínicamente, dicen defender a todos los ciudadanos, encontramos la construcción de complejos residenciales para las personas mayores. Afortunadamente, en España siempre hemos tenido, y tenemos en la actualidad, grandes hombres triunfadores en sus respectivas actividades profesionales que ganan mucho dinero, dedicando parte del mismo, no solo a pagar los correspondientes impuestos, que es lo lógico y legal, sino a realizar grandes donaciones de dinero para mejorar servicios o prestaciones médicas. Y, también, para la construcción de dignas residencias para personas mayores en alguna región afortunada, mientras la mayoría de organizaciones estatales, civiles, sociales, religiosas y políticas, encaramadas en el poder, solo se afanan, especialmente, los partidos políticos, en conseguir y gastar ingentes cantidades de dinero del erario público para sus propios beneficios y de rellenar los múltiples y execrables pesebres políticos. Por cuya razón, y muchas más, Gonzalo está cada día más convencido de que casi todas las instituciones de poder, que en la actualidad dirigen los destinos de España y del mundo civilizado, como son los partidos políticos, en especial, los secesionistas, los felones y todos aquellos cuyas alforjas contienen millones de cadáveres de personas asesinadas por ser disidentes, como son los comunistas y sus marionetas, las religiones, las emanadas de la arcaica nobleza y los poderes fácticos, deben desaparecer de la vida pública y refugiarse para siempre en las bibliotecas con el fin de que puedan ser estudiadas con minuciosidad por la generaciones venideras, para que puedan impedir su resurgimiento, ya que nada bueno han hecho ni hacen para que todos los ciudadanos vivamos armónicamente unidos por la virtud de la fraternidad.

PARADISUS, EL NUEVO CORAZÓN DE LOS PUEBLOS DESHABITADOS

Sería interesante recordar cómo nacieron los primeros pueblos en la Era primitiva de la Humanidad y analizar su paulatina transformación con el paso del tiempo, hasta convertirse en urbes de diferentes categorías, por múltiples conceptos y, casi siempre, unidas por infinitas redes de comunicación a través de los medios correspondientes. Aunque siempre atendiendo a las riquezas naturales de lugar, a las materias primas, manufacturación y comercialización de las mismas, los eventos sociales y la creación de actividades remuneradas que dan origen al aumento de población, con las consecuentes obligaciones y necesidades particulares y sociales. En definitiva, desde que el hombre dejó de ser nómada y se convirtió en sedentario estableciéndose en un determinado lugar para cultivar la tierra y domesticar animales en compañía de la mujer, creando sucesivamente la familia, el clan, la tribu y el pueblo. Todo nace por necesidades de subsistencia e intereses de protección de sus propiedades, fundamentalmente, aunque la relación de paz o bélica con otras comunidades dará origen a multitud de actividades en sus galopantes transformaciones estructurales y sociales.

En la actualidad, muchos pueblos y ciudades de la llamada España rural, minera y ganadera están siendo abandonados, despoblados o «vaciados», como estúpidamente dicen los dirigentes progres, sus acólitos y, por supuesto, sus *empesebrados* medios de comunicación, tratando de convencernos de que no tienen culpa de nada, que son consecuencias lógicas del progreso de la sociedad y que, desgraciadamente, es el precio que la comunidad nacional ha de pagar. Sinceramente, todos los gobernantes y políticos que se autoexculpan de responsabilidades, sean del color político que sean, son gentes irresponsables, incompetentes, egoístas, arrogantes e indignos, que solo ocupan esos cargos, gracias a unos ciudadanos que los superan en ignorancia, estupidez e insensatez, por elegirlos de forma testaruda en las diferentes convocatorias electorales para que sean sus representantes o gobernantes.

Si pueblos milenarios o históricos de cualquier rincón de España son abandonados por sus habitantes, sería lógico que los políticos y gobernantes patriotas, competentes y honrados, conjuntamente, con las gentes que se ven obligadas a emigrar a otros lugares para poder seguir viviendo dignamente, trataran de examinar con mucho interés lo que ocurre en esas poblaciones para encontrar el justo diagnóstico y así poder aplicar la solución adecuada que evite la muerte o desaparición de singulares asentamientos urbanos, bien sean rurales, mineros o ganaderos. Igual que actuaría un doctor en medicina con un enfermo, a no ser que se trate de un incompetente, un impostor, un sectario o un detestable forofo de la muerte, como creo que han hecho algunos gobernantes y políticos con muchos pueblos abandonados o despoblados en España.

Si un pueblo ha nacido en medio de grandes montañas y extensos prados, con terrenos fértiles, o al lado de una mina, donde unas mayorías de ciudadanos viven de la crianza del ganado, del cultivo de cereales o de la extracción de minerales, es de lógica que si estas riquezas naturales que constituyen el corazón del pueblo se acaban o cambian a causa de circunstancias adversas, los buenos gobernantes deberían implantar un nuevo corazón que mantenga en plena actividad voluntaria a todos los ciudadanos que cambien de profesión, pero no de población. En cambio, los políticos hacen todo lo contrario, es decir, optan por no colaborar o dificultar la creación de nuevas empresas a causa de compromisos internacionales, a pesar de tener España una importante biodiversidad y una abundante cantidad de animales y vegetales con respecto a muchos países de Europa. Como consecuencia de la irresponsabilidad de muchos políticos y gobernantes, el pueblo es abandonado, circunstancia que aprovechan estos cínicos e incompetentes servidores públicos para justificar la eliminación de los servicios públicos esenciales de cualquier pueblo o ciudad, por no tener a quien prestarlos, ya que la poca gente que se queda en el pueblo es una minoría despreciable para los gobiernos, que solo se mueven por mayorías dictatoriales, aunque ellos denominan «democráticas». En cambio, nunca reducen la estructura gubernativa y política del disparatado y antieconómico Estado de las Autonomías. Si este irrazonable comportamiento es adoptado por las distintas instituciones o servicios del Estado, imaginemos la reprobable actitud con los ciudadanos de muchas empresas privadas, por ejemplo, las entidades bancarias que han eliminado las oficinas presenciales e, incluso, los cajeros automáticos. Con estos comportamientos políticos tan execrables no se pueden conservar las grandes joyas urbanas y arquitectónicas heredadas de nuestros mayores, solo acudiremos a sus exequias por culpa de un pueblo altamente irresponsable, necio, jaranero e ignorante.

Gonzalo está convencido de que su residencial Paradisus o Ciudad de los mayores, con sus dos anexos, parque de la Historia de España y el pequeño hotel familiar, descrito en el capítulo anterior, sería un magnífico corazón a implantar en aquellos pueblos del interior de España, bien sean históricos, rurales, ganaderos o mineros, donde se deteste la grave enfermedad que origina una muerte lenta y segura de los mismos, o sea, su despoblación.

Según Gonzalo, la singular Ciudad de los mayores o Paradisus llevaría a cualquier pueblo semiabandonado una población fija de cuatrocientos residentes, más cien personas mayores itinerantes o turistas. También tendrían que fijar su residencia unos treinta trabajadores de Paradisus con contrato fijo, independientemente, del número de familiares que los acompañaran. Las continuas visitas de parientes de las personas residentes también incrementarían puntualmente la población, por lo que se crearían pequeños negocios de ganadería, cultivos, tiendas, peluquerías, bares, restaurantes y otros. Sin olvidar la obligada implantación, mantenimiento y explotación de todos los servicios públicos gestionados por el Estado, incluido, el Banco de España, estableciendo las oficinas presenciales o con atención personal si las entidades privadas no garantizaran los servicios elementales para todas las personas que vivan y trabajen en el residencial Paradisus.

Cuando Gonzalo tenga construido su residencial Paradisus no escatimará ninguna clase de esfuerzo ni sacrificio para presentar y convencer a muchos gobernantes y políticos de la inexcusable obligación de implantar su obra en cualquier rincón de España, ya que considera que es el mejor homenaje que una sociedad civilizada, justa y solidaria puede ofrecer a sus mayores.

Índice